Rezepte von Sizilien

Das Kochbuch mit den leckersten Rezepten der sizilianischen Küche für jeden Anlass

Giulia Lehmann

WirmachenDruck.de
Sie sparen, wir drucken!

Email: info@edition-lunerion.de
www.edition-lunerion.de

Psiana eCom UG
Berumer Str. 44
26844 Jemgum

Vorwort

Blaues Meer, vielfältige Kultur, eine jahrtausendealte Geschichte und im Hintergrund der Ätna – so sieht das typische Sizilienbild aus, doch das wahre Gesicht der Insel zeigt sich woanders: Nämlich in den sizilianischen Küchen, die mit unvergleichlichen Genüssen verführen und einzigartigen kulinarischen Reichtum hervorbringen. Capretto al forno, Polpette die melanzane oder Frutta martorana – schon die Namen der Gerichte klingen unbeschwerten Urlaubstagen und wecken Sehnsucht nach ganz besonderen Momenten. Und die liefert die sizilianische Küche reichlich, denn unter den jahrhundertelangen Einflüssen von Römern, Griechen & Co. hat sich eine kulinarische Tradition herausgebildet, die ihresgleichen sucht. Schmackhaft, abwechslungsreich, überraschend und dabei auch noch gesund sind die vielfältigen Leckereien Siziliens und so findet sich in dieser Rezeptsammlung eine Riesenauswahl für jeden Geschmack. Ob leichte Fischgerichte, würziges Gemüse, raffinierte Vorspeisen oder deftiges Fleisch – hier kommen Vegetarier genauso wie Fleisch- und Fischfans voll auf ihre Kosten und die verführerischen Dolci sorgen bei Naschkatzen für strahlende Augen. Dank einfach nachzukochender Anleitungen und nützlicher Informationen zu authentischen Zutaten gelingen die Schlemmereien auch ungeübten Köchen auf Anhieb und sorgen für Top-Ergebnisse. Also schnappen Sie sich Ihren Kochlöffel und schicken Sie Ihren Geschmackssinn auf eine unvergleichliche Genussreise!

Guten Appetit!

INHALT

Hauptspeisen mit Fisch 31

Hauptspeisen mit Fleisch 42

Vegetarische Hauptspeisen 54

Wissenswertes

Durch die folgenden Rezepte werden Sie in die sizilianische Kultur des Essens eintauchen. Sizilien wird von vielen Menschen als eine der schönsten Regionen Italiens angesehen. Die Insel liegt strategisch sehr günstig: mildes Klima, fruchtbare Böden und ein Meer, das einen reichen Fischfang ermöglicht.

Die unterschiedlichen Völker, die durch Sizilien gezogen sind, haben ein kulinarisches Erbe hinterlassen und das Ergebnis ist eine multikulturelle Küche, welche sich von Insel zu Insel unterscheidet. Viele beschreiben die sizilianische Küche als „die reichhaltigste und landschaftlich schönste". Das ist nicht schwer zu glauben, wenn man sich die Geschichte der Insel ansieht. Die Entwicklung der Kochkunst in Sizilien dauert seit mehr als zwei Jahrtausenden an und wurde durch sehr viele Herrschaften stark beeinflusst: Griechen, Römer, Vandalen, Araber, Normannen usw.

Die typisch sizilianische Küche ist eine echte Reise durch die Geschichte, jede einzelne Provinz zeichnet sich durch ein Gericht aus, das Sie anderswo kaum finden werden.

Die sizilianischen Rezepte gehören zu den beliebtesten in Italien, von den Vorspeisen über die Hauptgerichte bis hin zu den Nachspeisen. Diese Geschmacksvielfalt wird nicht so schnell vergessen: Der Arancino, der König des Straßenessens, dann die Cannoli, der Fürst des Gebäcks, und schließlich die Parmigiana, ein Juwel der mediterranen Gastronomie. Beim Lesen werden Sie merken, dass bei den Frühstück-Rezepten nicht die typischen Rezepte zu finden sein werden, wie wir diese kennen. Das liegt daran, dass Frühstück zur italienischen Kultur nicht wirklich dazu gehört. In Italien reichen ein Kaffee, ein Gebäck und ein Saft zum Frühstück.

Die sizilianische Küche ist sehr vielfältig: Es gibt viele gesunde Speisen, ebenso wird jedoch vieles frittiert. Teig ist in Sizilien sehr beliebt, somit werden Sie auf sehr viele Teig-Gerichte stoßen, hier müssen Sie auf jeden Schritt gut achten (Ruhezeiten, bestimmte Vorgehensweisen), damit Ihnen das Rezept gelingt. Sie werden bei einigen Rezepten sicherlich auf Zutaten stoßen, die Ihnen nicht wirklich bekannt sein werden. In jedem Rezept ist jedoch in solchen Fällen genau erklärt, worum es sich bei der Zutat handelt und wie Sie diese im Fall der Fälle ersetzen können.

Wie Sie wahrscheinlich bereits wissen, ist in der italienischen Küche die Qualität eines der wichtigsten Dinge, um Essen zuzubereiten. Somit ist es ratsam, für die meisten Rezepte in einem italienischen Supermarkt einzukaufen. Es kann ebenso vorkommen, dass Sie gewisse Zutaten auch nicht in einem italienischen Laden finden können, in diesem Fall können Sie diese im Internet bestellen oder ersetzen.

Frühstück

CARTOCCIO SICILIANO – SIZILIANISCHE TEIGRÖLLCHEN MIT RICOTTACREME

12 Port. 45 Min. Mittel

Zutaten

600 g Mehl, Type 00
30 g Zucker
8 g Hefe, frisch
140 ml Milch
30 g Butterschmalz
250 g Ricotta vom Schaf
100 g Puderzucker
40 g Schokoladenstückchen
1 Msp. Salz
Sonnenblumenöl
Zucker

Nährwerte p. P.

1262 kcal
191 g Kohlenhydrate
41 g Fett
28 g Eiweiß

1 Mischen Sie Mehl und Zucker in einer Schüssel, drücken Sie in die Mitte eine Vertiefung und geben Sie die Hefe, welche Sie vorher in etwas aufgewärmter Milch aufgelöst haben, hinein.

2 Beginnen Sie mit dem Kneten des Teigs, fügen Sie dann Schmalz und Salz hinzu und kneten Sie weiter, bis der Teig glatt ist.

3 Decken Sie die Schüssel mit Folie ab und lassen Sie den Teig ca. zwei Stunden lang gehen.

4 Lassen Sie in der Zwischenzeit den Ricotta in einem feinmaschigen Sieb abtropfen.

5 Nehmen Sie nun den Teig wieder und teilen Sie diesen in sechs Laibe zu je ca. 80 - 90 g. Stellen Sie aus jedem Teig eine „Schnur" her. Rollen Sie anschließend jede Schnur um gebutterte Röhren-Formen. Machen Sie drei vollständige Umdrehungen.

6 Legen Sie die Bündel mit Abstand auf ein Backblech, welches Sie mit Backpapier ausgelegt haben, und lassen Sie diese eine Stunde lang oder bis zur doppelten Größe aufgehen.

7 Nachdem die Teigröllchen gut aufgegangen sind, backen Sie diese nacheinander in einer nicht zu großen Pfanne mit heißem Öl aus. Wenden Sie sie dabei, damit sie gleichmäßig gar werden.

8 Legen Sie sie auf saugfähiges Papier. Tauchen Sie sie schnell in Puderzucker und achten Sie dabei darauf, sich nicht zu verbrennen.

9 Nun können Sie die Creme zubereiten: Verkneten Sie den Ricotta-Käse mit dem Puderzucker. Fügen Sie dann die Schokoladenstückchen hinzu und verrühren Sie alles.

10 Sobald die Teigröllchen abgekühlt sind, nehmen Sie die Formen aus dem Inneren der Röllchen und füllen die Röllchen mit Hilfe eines Spritzbeutels mit der Ricotta-Creme.

BRIOSCHE SICILIANA –
SIZILIANISCHES CROISSANT

24 Stk. | 12 Std. | Mittel

Zutaten

600 g Mehl, Type 00
400 g Manitoba-Mehl
30 g Hefe, frisch
6 Eier
360 g Butter
160 ml Milch (zimmerwarm)
160 g Zucker
3 EL Honig
36 g Rum
2 EL Vanillemark
Schale von 4 Orangen (gerieben)
Schale 2 Zitronen (gerieben)
20 g Salz

Zum Bepinseln:
2 Eigelb
40 ml frische Milch

Nährwerte p. P.

1876 kcal
229 g Kohlenhydrate
86 g Fett
34 g Eiweiß

1 Geben Sie 2 - 4 Stunden vor der Zubereitung des Brioche-Teigs die geriebene Orangenschale, die Zitronenschale, den Rum, die Vanille und den Honig in eine Schussel. Rühren Sie alles gut durch und verschließen Sie die Mischung mit Frischhaltefolie. Lassen Sie das Ganze dann mindestens zwei Stunden marinieren. Nach Ablauf der Marinierzeit für die Aromen, geben Sie die Hefe, die Mehle, die zimmerwarme Milch und den Zucker nacheinander in die Knetmaschine.

2 Starten Sie die Maschine und lassen Sie die Zutaten bei niedriger Geschwindigkeit einige Sekunden lang mischen und fügen Sie dann nacheinander die Eier hinzu. Warten Sie, bis das erste Ei vollständig aufgesaugt ist und geben Sie dann die anderen Eier hinzu, immer eines nach dem anderen, ohne die Maschine auszuschalten, und lassen Sie sie bei niedriger Geschwindigkeit arbeiten. Wenn die Eier vollständig aufgesogen sind, geben Sie die Aromamischung hinzu. Lassen Sie nun den Mixer 8 - 10 Minuten lang bei niedriger Geschwindigkeit laufen.

3 Arbeiten Sie dann in den Teig, welcher in der Zwischenzeit bei gleichbleibend niedriger Geschwindigkeit weiterläuft, kleine Stücke weiche Butter ein. Wenn die ersten Butterstücke vollständig aufgesaugt sind, fügen Sie ein paar weitere Stücke hinzu und fahren so fort, bis der Teig fertig ist. Geben Sie zum Schluss das Salz hinzu.

4 Lassen Sie die Maschine mit konstanter Geschwindigkeit laufen. Nach etwa fünf Minuten wird der Teig an den Seiten klebrig und sehr weich sein. Der Teig muss weiterhin geknetet werden, 10 – 15 Minuten bei mittlerer bis hoher Geschwindigkeit. Je nachdem, welche Maschine Sie besitzen, können 8 - 10 Minuten ausreichend sein. Der Teig ist fertig, wenn er glatt, elastisch, glänzend und von den Wänden der Maschine gelöst ist.

5 Formen Sie nun mit den Händen eine Kugel. Geben Sie den überschüssigen Teig in eine trockene Schüssel. Decken Sie den Teig nun mit Frischhaltefolie lückenlos ab und lassen Sie diesen an einem trockenen, zugluftfreien Ort bei einer Temperatur von ca. 26 °C – 28 °C gehen. Wenn die Zeit vergangen ist, sollte der Teig sein Volumen verdoppelt haben.

6 Nehmen Sie den Teig nun heraus und kneten Sie diesen einige Sekunden lang auf einer Arbeitsfläche schnell, ohne Mehl hinzuzufügen. Legen Sie die Kugel wieder in die Schüssel, decken Sie diese wieder fest mit Frischhaltefolie ab und stellen Sie sie für 8 - 9 Stunden in den Kühlschrank. Nach dieser Zeit sollte der Teig sein Volumen verdreifacht haben, luftig und gut ausgeruht sein. Wenn dies der Fall ist, nehmen Sie den Teig aus dem Kühlschrank und lassen diesen für mindestens 20 Minuten bei Raumtemperatur ruhen. Der Teig sollte weich und fettig sein, sich leicht mit den Händen formen und kneten lassen und sich von der Arbeitsfläche lösen.

7 Trennen Sie nun zwei Teilstücke vom Teig: den 75 g schweren Boden und den 15 g schweren „Deckel". Rollen Sie nun die große Kugel auf dem Arbeitstisch aus und glätten Sie die Oberfläche, indem Sie den Teig mit der Handfläche an Ihren Bauch heranführen. Dann wiederholen Sie den Vorgang für die kleinere Kugel, bis beide Oberflächen glatt sind.

8 Legen Sie den Teig auf ein Backblech, welches Sie mit Backpapier ausgelegt haben, und drücken Sie mit dem Finger ein Loch in die Mitte, sodass ein tiefer Krater entsteht. Nehmen Sie dann die kleinere Kugel, legen Sie diese zwischen Zeigefinger und Daumen der linken Hand, drücken Sie die Kugel zusammen, indem Sie sie aus den Fingern herausziehen. Bringen Sie die überschüssigen Teigklappen nach unten und ziehen Sie diese nach unten, um einen Kegel zu bilden. Setzen Sie schließlich die kleine Kugel in den Teigboden drauf. Machen Sie so weiter, bis Sie den kompletten Teig verbraucht haben. Legen Sie die Brioches anschließend mit einem Abstand von mind. 6 - 7 cm zueinander auf ein Backblech, welches Sie mit Backpapier ausgelegt haben.

9 Lassen Sie die Brioches nun ca. zwei Stunden an einem trockenen, vor Zugluft geschützten Ort bei einer Temperatur von 26 °C bis 28 °C ruhen. Nach Ablauf dieser Zeit bepinseln Sie die Brioches mit einer Mischung aus Eigelb und Milch und backen diese im gut vorgeheizten Ofen auf mittlerer Schiene bei 180 °C Ober-/Unterhitze ca. 25 Minuten.

Tipp: Wenn Sie kein Manitoba-Mehl finden können, können Sie ersatzweise auch Reismehl benutzen. Manitoba-Mehl ist ein Weizenmehl kanadischen Ursprungs, genauer gesagt aus der Region Manitoba. Es ist ein sehr „starkes" Mehl, was bedeutet, dass es aus Gluten besteht und daher ideal für die Zubereitung von Rezepten mit langer Gehzeit ist.

RAVIOLI ALLA RICOTTA –
FRITTIERTE RAVIOLI MIT RICOTTA-FÜLLUNG

17 Stk. | 1 Std. | Mittel

Zutaten

Für den Teig:
500 g Mehl, Type 00
30 g Zucker
50 g Butterschmalz
4 g Hefe, trocken
250 ml lauwarmes Wasser
15 g Salz

Für die Füllung:
1 kg Ricotta vom Schaf
10 EL Zucker
30 g Schokoladenstreusel

Zum Garnieren:
Zucker
Zimtpulver

Zum Frittieren:
1 l Sonnenblumenöl

Nährwerte p. P.

490 kcal
21 g Kohlenhydrate
42 g Fett
4 g Eiweiß

1 Nchmcn Sic cin Backbrett und geben Sie den gesiebten und mit Zucker vermischten Mehl auf dieses, geben Sie in die Mitte das Schmalz und etwas lauwarmes Wasser mit der darin aufgelösten Hefe. Geben Sie nach und nach Wasser hinzu und kneten Sie. Geben Sie zum Schluss Salz hinzu und kneten Sie weiter. Kneten Sie den Teig so lange durch, bis dieser glatt und elastisch wird. Decken Sie den Teig mit einem Tuch ab und lassen Sie diesen ca. eine Stunde vor Zugluft geschützt gehen.

2 Lassen Sie die Molke aus dem Ricotta abtropfen und sieben Sie diesen durch ein feinmaschiges Sieb. Geben Sie Zucker hinzu und verrühren Sie alles mit einem Handrührgerät, bis die Masse fein und cremig ist. Geben Sie dann die Schokoladenstreusel hinzu und vermischen alles noch mal kurz.

3 Teilen Sie den Teig in Kugeln von je 50 g und rollen Sie jede Kugel zu einer 5 – 8 mm dicken Platte aus. Geben Sie in die Mitte jeder Platte ca. 1,5 EL Ricotta-Creme und schließen Sie diese halbmondförmig. Verkleben Sie die Ränder gut und bringen Sie diese mit einem gezackten Rädchen oder den Zinken einer Gabel in Form, da ansonsten die Füllung beim Braten ausläuft und das Öl beeinträchtigt wird.

4 Das Frittieren muss in heißem Öl (170 °C/180 °C) erfolgen. Achten Sie dabei darauf, die Ricotta-Ravioli nur einmal zu wenden. Diese sind fertig, wenn sie leicht goldbraun sind.

5 Trocknen Sie nach dem Frittieren das überschüssige Fett mit Papiertüchern ab und tauchen Sie die Ravioli, solange sie heiß sind, in die Zucker-Zimt-Mischung.

Tipp: Füllen Sie die Ravioli nach und nach kurz vor dem Frittieren mit der Ricotta-Mischung, da der Teig ansonsten zu nass wird und die Gefahr besteht, dass die Ravioli Löcher bekommen.

SCACCIATA CATANESE –
CIPOLLINA AUS CATANIA

ca. 35 cm | 3 Std. 50 Min. | Leicht

Zutaten

Für den Teig:
450 g Grieß
30 ml Olivenöl
1 EL Honig
5 g Hefe, frisch
250 ml Wasser
10 g Salz

Für den Belag:
200 g sizilianischer Tuma-Käse
ca. 10 Sardellen, in Öl eingelegt
ca. 12 schwarze Oliven
1 Handvoll Gemüse Ihrer Art (z. B. Spinat)

Nährwerte p. P.

1159 kcal
163 g Kohlenhydrate
35 g Fett
39 g Eiweiß

1 Gießen Sie das Wasser (Zimmertemperatur) in eine Schüssel. Fügen Sie die Hefe, den Honig und das Öl hinzu und verrühren Sie alles. Wenn Sie einen einheitlichen Teig erhalten haben, fügen Sie das Salz hinzu. Kneten Sie den Teig, bis dieser glatt ist. Wenn Sie eine Knetmaschine nutzen, benutzen Sie den Hakenaufsatz.

2 Der Teig sollte weich und glatt sein, außerdem sollte er nicht an den Händen kleben. Geben Sie diesen anschließend in eine mit Öl gefettete Schüssel, decken Sie ihn ab und lassen Sie ihn gehen, bis er sich verdoppelt. Nach Ablauf dieser Zeit, geben Sie den Teig auf ein Backbrett, kneten Sie ihn mit den Händen durch und teilen Sie ihn in zwei Teile.

3 Rollen Sie einen Teil des Teiges mit Hilfe eines Nudelholzes zu einer dünnen Platte. Legen Sie den Teig auf ein mit Olivenöl bestrichenes Backblech. Stechen Sie den Boden mit den Zinken einer Gabel ein. Füllen Sie den Teig mit gehacktem Tuma, Sardellen und entsteinten schwarzen Oliven.

4 Die Scacciata kann so zubereitet werden, wie sie nun ist. Wenn Sie jedoch möchten, können Sie gekochte Blumenkohlröschen oder Spinat hinzufügen. Fügen Sie zum Schluss einen Spritzer Olivenöl hinzu.

5 Rollen Sie den restlichen Teig aus und formen Sie diesen zu einer Platte, mit der die Scacciata bedeckt wird. Schneiden Sie die überschüssigen Ränder ab. Klappen Sie die verbleibende Kante um. Geben Sie 2 EL Olivenöl und 1 EL Wasser in eine kleine Tasse. Rühren Sie um und bestreichen Sie die Oberfläche damit. Stechen Sie die Oberfläche mit einer Gabel ein und lassen Sie es 30 - 40 Minuten gehen.

6 Backen Sie nun das Ganze bei 250 °C (Ober-/Unterhitze). Legen Sie das Backblech direkt auf den Boden des Ofens und backen Sie 10 - 12 Minuten, bis der Teig goldbraun ist. Schieben Sie das Backblech auf die mittlere Schiene des Ofens und backen Sie für weitere 10 Minuten. Nehmen Sie die Scacciata aus dem Ofen und lassen Sie sie abkühlen.

Tipp: Die Scacciata Catanese ist eine sizilianische Spezialität, eine Art gefüllte Pizza mit einem dünnen und leicht knusprigen Teig, der auf verschiedene Weise belegt werden kann. Wenn Sie keine Sardellen mögen, können Sie diese auch mit Auberginen, Wurst, Kartoffeln usw. zubereiten.

SCACCIA RAGUSANA –
SIZILIANISCHE „CALZONE"

8 Stk. | 5 Std. 10 Min. | Leicht

Zutaten

Für den Teig:
1 kg Hartweizengrieß
4 g Hefe, frisch
6 EL Olivenöl
20 g Salz
700 ml Wasser
1 EL Honig
1 EL Salz

Für den Belag:
4 l passierte Tomaten
2 Knoblauchzehen
1 Zwiebel
400 g Caciocavallo-Käse
400 g Provolone, frisch
Basilikum
Olivenöl
Salz

Nährwerte p. P.

2133 kcal
256 g Kohlenhydrate
79 g Fett
97 g Eiweiß

1 Braten Sie zuerst die Knoblauchzehen und die Zwiebel in Öl an, fügen Sie die passierten Tomaten und das frische Basilikum hinzu. Lassen Sie das Ganze köcheln, bis die Soße eindickt.

2 Schneiden Sie den Käse in Würfel und stellen Sie diesen beiseite.

3 Sieben Sie den Grieß und geben Sie diesen in die Knetmaschine. Geben Sie in die Mitte die im warmen Wasser aufgelöste Hefe und den Honig. Arbeiten Sie mit der Maschine auf der ersten Stufe und fügen Sie das Wasser nach und nach hinzu, bis Sie einen weichen Teig erhalten. Fügen Sie das Salz und das Öl zweimal hinzu und kneten Sie weiter. Das Ganze sollte zu einer glatten, weichen Masse werden. Wenn der Teig sich von den Wänden löst, ist dieser fertig.

4 Teilen Sie den Teig in acht Teile mit einem Gewicht von 250 - 300 g, formen Sie diese zu Kugeln und kneten Sie sie gut durch.

5 Legen Sie die Kugeln auf ein mit Grieß bestreutes Backblech, decken Sie sie mit Frischhaltefolie ab und schieben Sie das Blech ca. drei Stunden in den ausgeschalteten Backofen, bis sich ihre Größe verdoppelt hat.

6 Sobald die Scaccia fertig ist, schalten Sie den Ofen auf 220 °C Ober-/Unterhitze ein. Bemehlen Sie das Backbrett und rollen Sie die Kugeln mit Hilfe eines Nudelholzes aus, um einen sehr dünnen Teig zu erhalten. Sobald eine dünne Schicht entstanden ist, nehmen Sie die Tomatensoße und bestreichen die Schicht damit.

7 Falten Sie die Seitenränder ein, geben Sie dann die Tomaten und den Käse noch einmal hinein, dann falten Sie noch mal. Sollte der Teig beim Falten Löcher bekommen, müssen Sie sich keine Sorgen machen, das ist ganz normal. Legen Sie die Scaccia auf ein Backblech, welches Sie mit Backpapier belegt haben, und backen diese 25 - 30 Minuten, bis die Scaccias goldbraun sind.

Tipp: Caciocavallo ist ein entfernter Verwandter des Mozzarellas, denn er zählt zu den Pasta Filata-Käsesorten und ist typisch für Süditalien. Allerdings ist dieser schwierig in Deutschland zu finden. Sie können versuchen, den Käse im Internet zu bestellen, ansonsten können Sie nur den Provolone benutzen.

GRANITA AL CAFFÉ –
ITALIENISCHE ESPRESSOVARIATION

12 Port. | 5 Std. 15 Min. | Leicht

Zutaten

700 ml Wasser
200 g Zucker
400 ml Kaffee
10 g Instant-Kaffee
Schlagsahne
Kakaopulver

Nährwerte p. P.

205 kcal
51 g Kohlenhydrate
0 g Fett
0 g Eiweiß

1 Geben Sie das Wasser und Zucker in einen Topf, bringen Sie das Ganze zum Kochen und lassen Sie es etwa fünf Minuten köcheln, bis eine Art Sirup entsteht.

2 Geben Sie Instant-Kaffee und den normalen Kaffee in den Topf und rühren Sie um. Geben Sie die Mischung in eine Schüssel, decken Sie diese mit Folie ab und stellen Sie sie in den Gefrierschank.

3 Rühren Sie die Mischung alle 30 Minuten um, um die Eiskristalle aufzubrechen. Die Granita ist fertig, wenn sie gut vereist ist, aber eine cremige Konsistenz hat. Dies dauert ca. 4 - 5 Stunden.

4 Gießen Sie die Granita in Gläser und dekorieren Sie mit etwas Schlagsahne und Kakaopulver.

Tipp: Wenn Sie möchten, können Sie die Granita mit der traditionellen Brioche servieren, wie es viele sizilianische Bars tun. Wenn etwas übrigbleibt, können Sie es auch wieder in den Gefrierschrank stellen und einfrieren. Wenn Sie es erneut servieren möchten, können Sie die Granita bei Zimmertemperatur auftauen lassen und mit einer Gabel langsam umrühren, bis die richtige Konsistenz erreicht ist.

IRIS FRITTA –
FRITTIERTE IRIS

12 Port. | 6 Std. | Mittel

Zutaten

Für den Teig:
1 kg Manitoba-Mehl
500 ml Milch
100 g Margarine
100 g Zucker
50 g Hefe, frisch
2 Eier
etwas Salz
Wasser

Für die Ricotta-Creme:
800 g Ricotta, vom Schaf
400 g Zucker
200 g Schokoladenstreusel
1 Packung Vanillin

Für die Panade und Frittieren:
4 Eier
Paniermehl
etwas Salz
Sonnenblumenöl

Nährwerte p. P.

322 kcal
41 g Kohlenhydrate
14 g Fett
8 g Eiweiß

1 Ricotta-Creme: Lassen Sie den Schafsmilch-Ricotta in einem Sieb abtropfen und stellen Sie ihn in den Kühlschrank, bis er seine Molke verloren hat. Sieben Sie ihn dann und vermischen Sie ihn in einer Schüssel mit dem Zucker und dem Vanillin. Fügen Sie die Schokoladenstreusel hinzu.

2 Teig: Mischen Sie das gesiebte Mehl, den Zucker, das Salz und die Margarine in einer Schüssel. Fügen Sie dann die in etwas Wasser aufgelöste Hefe hinzu und kneten Sie, bis der Teig weich und homogen ist. Fügen Sie anschließend die verquirlten Eier hinzu und kneten Sie kräftig weiter. Gießen Sie gegebenenfalls etwas Wasser nach. Decken Sie den Teig mit einem Tuch ab und lassen Sie ihn einige Stunden gehen.

3 Rollen Sie den Teig aus und stechen Sie ihn in 24 Scheiben mit einer Dicke von 1 cm und einem Durchmesser von ca. 6 cm aus. Bestreichen Sie zwölf der Scheiben mit der Ricotta-Creme. Decken Sie sie mit den restlichen Scheiben ab, verschließen Sie die Ränder nach unten und innen und lassen Sie sie 45 - 60 Minuten bei Raumtemperatur gehen.

4 Sobald sie aufgegangen sind, tauchen Sie die Iris in die verquirlten Eier mit einer Prise Salz und dem Paniermehl und frittieren sie nacheinander in reichlich heißem Öl, bis sie goldbraun sind. Legen Sie die frittierten Iris auf saugfähiges Papier und lassen Sie sie vor dem Verzehr etwas abkühlen.

Tipp: Wie Sie nun bereits wissen, können Sie statt dem Manitoba-Mehl auch Reismehl benutzen. Die frittierte Iris gibt es außerdem in verschiedenen Variationen, sowohl was die Zubereitung des Teigs als auch was die Füllung betrifft. Wenn Sie Zeit sparen wollen, können Sie auch fertige Milchbrötchen verwenden, wobei Sie darauf achten sollten, dass ein Teil der Krume entfernt wird, um Platz für die Füllung zu schaffen. Die Creme können Sie sowohl mit kandiertem Kürbis als auch mit Schokoladensplittern zubereiten. Sie kann auch mit zarterem und süßerem Kuhmilch-Ricotta, mit Kuhmilch-Ricotta gemischt mit Milchcreme, mit Milchcreme allein oder mit Pudding zubereitet werden.

CAFFÉ ALA NOCCIOLA –
KAFFEE MIT NÜSSEN

4 Port. | 10 Min. | Leicht

Zutaten

4 TL lösliches Kaffeepulver
40 g Haselnüsse

Nährwerte p. P.

137 kcal
3 g Kohlenhydrate
12 g Fett
3 g Eiweiß

1 Lassen Sie die gerösteten Haselnüsse ca. 15 Minuten lang ziehen. Dafür müssen diese erst sehr fein gehackt werden. Geben Sie sie dann in ½ Deziliter Wasser.

2 Filtern Sie das aromatisierte Wasser und füllen Sie damit eine Kaffeekanne für vier Personen, fügen Sie ggf. mehr Wasser hinzu.

3 Mischen Sie 1 EL gehackte Haselnüsse mit dem Kaffeepulver und bereiten Sie einen super leckeren Haselnusskaffee zu.

ARANCINE SICILIANE –
SIZILIANISCHE ARANCINE

25 Port. | 2 Std. 15 Min. | Leicht

Zutaten

Für den Reis:
1 kg Reis
2 ½ l Wasser
200 g Butter
30 g Salz
2 Packungen Safran

Für die Bolognese:
1 Zwiebel
1 Karotte
1 Stangensellerie
2 Lorbeerblätter
1 Prise Gewürznelkenpulver
250 g Hackfleisch (Schwein)
250 g Hackfleisch (Rind)
½ Glas Weißwein (trocken)
2 EL Tomatenmark
200 g Erbsen (TK)
Salz, Pfeffer
250 g geriebener Caciocavallo-Käse

Zum Braten:
Sonnenblumenöl

Zum Panieren:
Mehl
Wasser
Paniermehl

Nährwerte p. P.

2899 kcal
391 g Kohlenhydrate
83 g Fett
127 g Eiweiß

1 Für den Reis: Geben Sie die Zutaten in eine große antihaftbeschichtete Pfanne. Setzen Sie alles kalt an und lassen Sie das Ganze bei mittlerer Hitze ohne Umrühren kochen, bis der Reis das gesamte Wasser aufgesogen hat. Kippen Sie den Inhalt des Topfes zum Abkühlen auf ein Backblech oder in einen anderen großen Behälter.

2 Für die Bolognese: Braten Sie in einem großen Topf die fein gehackte Zwiebel, die Karotte und den Stangensellerie mit etwas Öl an. Geben Sie nach ein paar Minuten das Schweine- und Rindfleisch dazu und braten Sie alles an.

3 Wenn das Fleisch goldbraun ist, erhöhen Sie die Hitze und löschen mit dem Weißwein ab. Lassen Sie diesen verdampfen, fügen Sie die Lorbeerblätter und das Nelkenpulver hinzu. Geben Sie dann die Erbsen und das in einem Glas mit warmem Wasser aufgelöste Tomatenmark hinzu. Fügen Sie zwei weitere Gläser Wasser hinzu, würzen Sie mit Salz und Pfeffer und lassen Sie alles ca. 1,5 Stunden köcheln.

4 Lassen Sie die Bolognese nach dem Kochen abkühlen, entfernen Sie die Lorbeerblätter und wenn alles lauwarm ist, fügen Sie den Caciocavallo-Käse unter Rühren hinzu.

5 Nehmen Sie eine Handvoll Reis in die Handfläche und formen Sie eine Kugel von der Größe einer Orange. Öffnen Sie dann diese neu geformte Kugel und füllen Sie diese mit der Fleischsoße. Schließen Sie nun die Arancina, indem Sie sie gut verdichten, am besten geht das mit feuchten Händen.

6 Geben Sie die Arancina in einen leichten Teig aus Wasser und Mehl, der ziemlich flüssig ist, und dann in das Paniermehl. Nun sind Sie bereit fürs Braten, was in einer Pfanne mit reichlich Öl erfolgt. Sobald das Öl heiß ist, tauchen Sie eine oder mehrere Arancine ein, sodass sie vollständig in das Öl getaucht sind. Nehmen Sie sie, sobald sie eine schöne goldene Farbe erreicht haben, heraus und lassen Sie sie auf saugfähigem Papier abkühlen.

Tipp: Caciocavallo-Käse ist ein Filata-Käse, so eine Art Brühkäse. Dieser wird aus Kuhmilch, besonders von Kühen der Rasse Podolica hergestellt, welche jedoch um Schafs- und Ziegenmilch ergänzt werden kann. Hierbei handelt es sich um einen reiferen Käse, welcher einen relativ harten Teig aufweist und somit etwas brüchig ist. Caciocavallo sollten Sie im Internet finden, ansonsten können Sie diesen mit dem Provolone ersetzen.

Salate & Antipasti

CAPONATA SICILIANA –
SIZILIANISCHE GEMÜSE-VORSPEISE

8 Port. | 30 Min. | Leicht

Zutaten

250 g Auberginen
75 g Datteltomaten
50 g Zwiebeln
50 g Sellerie
2 EL passierte Tomaten
40 g Oliven, grün (entkernt)
½ EL Kapern
½ EL Zucker
1 EL Weißweinessig
25 g Pinienkerne
Olivenöl
½ Handvoll Basilikum
Salz
Sonnenblumenöl

Nährwerte p. P.

339 kcal
41 g Kohlenhydrate
12 g Fett
8 g Eiweiß

7 Putzen Sie zuerst das Gemüse und schneiden Sie die Auberginen, den Sellerie und die Tomaten in kleine Würfel. Wenn sie klein sind, halbieren Sie diese einfach.

8 Braten Sie die Auberginen in einer Pfanne mit reichlich Sonnenblumenöl 3 – 4 Minuten an, so lange, bis sie goldbraun werden. Lassen Sie sie gut abtropfen und stellen Sie sie beiseite.

9 Braten Sie in einer großen Pfanne die feingehackte Zwiebel zusammen mit 1 EL Olivenöl. Braten Sie zwei Minuten lang, lassen Sie diese ziehen und fügen Sie den gewürfelten Sellerie hinzu. Fügen Sie anschließend die zuvor entkernten Oliven, Kapern, passierte Tomaten und Kirschtomaten hinzu. Kochen Sie alles auf kleiner Flamme drei Minuten lang.

10 Fügen Sie zum Schluss die gebratenen Auberginen hinzu. Geben Sie eine halbe Handvoll Basilikum hinein und lassen Sie das Ganze weitere zwei Minuten kochen.

11 Fügen Sie zum Schluss Zucker und Essig hinzu. Lassen Sie diesen auf großer Flamme verdampfen, salzen Sie alles und geben Sie gegebenenfalls die Pinienkerne hinzu, welche Sie zuvor einige Minuten in einer Pfanne geröstet haben, und fertig ist Ihre Caponata!

Tipp: Die Caponata ist die gängigste und bekannteste Vorspeise in Sizilien. Es gibt viele verschiedenen Versionen davon. In der ärapanischen Version werden beispielsweise Paprika und in der katalanischen Version Kartoffeln hinzugefügt. Sie können somit mal alle Varianten ausprobieren und sich austoben!

PROMODORI AL FORNO –
TOMATEN IM OFEN

6 Port. | 55 Min. | Leicht

Zutaten

900 g Tomaten (oder Datteltomaten)
6 EL Olivenöl
12 - 14 Basilikumblätter
1 EL Thymian, getrocknet
2 Knoblauchzehen
Salz, Pfeffer

Nährwerte p. P.

117 kcal
7 g Kohlenhydrate
8 g Fett
2 g Eiweiß

1 Heizen Sie den Backofen auf 180 °C (Ober-/Unterhitze) vor. Legen Sie ein Backblech mit Packpapier aus und legen Sie die gewaschenen, getrockneten und halbierten Tomaten darauf.

2 Würzen Sie diese mit gehackten Knoblauch, frischen Basilikumblättern und getrocknetem Thymian.

3 Schmecken Sie mit Salz und Pfeffer ab und beträufeln Sie das Ganze gleichmäßig mit Olivenöl.

4 Lassen Sie sie etwa 50 Minuten lang backen. Nehmen Sie sie aus dem Ofen, lassen Sie sie abkühlen und genießen Sie sie warm oder bei Zimmertemperatur.

Tipp: Sie können die Tomaten auch mit Pecorino-Käse bestreuen, um sie noch etwas schmackhafter zu machen. Es gibt so viele Varianten. Als einfachste Variante eignen sich überbackene Tomaten, die mit Semmelbröseln und geriebenem Parmesankäse bestreut werden, um eine verlockende Kruste zu erhalten.

BRUSCHETTA SICILIANA – SIZILIANISCHE BRUSCHETTA

8 Port. | 15 Min. | Leicht

Zutaten

24 Baguettestücke
600 g in kleine Würfel geschnittene Tomaten
2 Knoblauchzehen
1 rote Zwiebel
Olivenöl
frisches Basilikum
Salz

Nährwerte p. P.

763 kcal
146 g Kohlenhydrate
7 g Fett
24 g Eiweiß

1 Bereiten Sie zuerst die Tomaten vor. Waschen Sie diese dafür und schneiden Sie sie in kleine Würfel. Hacken Sie die Zwiebel fein und würzen Sie die Tomaten mit Salz, Olivenöl und gehacktem Basilikum. Fügen Sie die roten Zwiebeln hinzu und stellen Sie sie dann beiseite.

2 Schneiden Sie die Baguette in 24 Stücke und rösten Sie diese anschließend im Backofen oder im Toaster. Sobald das Brot knusprig genug ist, reiben Sie die Oberfläche der Scheiben mit dem Knoblauch ein.

3 Geben Sie die Tomaten auf die Scheiben und garnieren Sie mit Basilikumblättern.

Tipp: Die sizilianische Bruschetta kann je nach Geschmack und Verfügbarkeit der Lebensmittel variiert werden. Die Art des Brotes kann unterschiedlich sein. Suchen Sie sich jedoch eine Sorte aus, die in Scheiben geschnitten und getoastet werden kann. Brot aus Grießmehl wird jedoch hierfür empfohlen.

INSALATA DI ARANCE E ARINGHE –
SALAT AUS ORANGEN UND HERINGEN

8 Port. 15 Min. Leicht

Zutaten

600 g Hering, geräuchert
4 Fenchelknollen
4 große Orangen
Pfefferkörner

Nährwerte p. P.

757 kcal
96 g Kohlenhydrate
12 g Fett
55 g Eiweiß

1 Schälen Sie die Orangen, schneiden Sie sie in Würfel und geben Sie sie in eine Salatschüssel.

2 Entfernen Sie die ersten Blätter und Büschel des Fenchels, spülen Sie diesen gut ab und reiben Sie ihn mit einer Reibe. Geben Sie diesen dann in die Schüssel mit den Orangen.

3 Schneiden Sie die geräucherten Heringe in kleine Stücke, fügen Sie sie zu den anderen Zutaten hinzu und würzen Sie mit einer Prise Pfeffer.

4 Servieren Sie die Vorspeise sofort oder nachdem Sie sie 15 Minuten lang im Küchenschrank ziehen gelassen haben.

Tipp: Denken Sie daran, den Salat nicht zu salzen und vor dem Abschmecken nicht zu pfeffern, da geräucherter Hering bereits gut gewürzt ist. Sie können Ihren Salat mit fein geschnittenem Schnittlauch und Dill verfeinern.

INVOLTINI DI PESCE SPADA – SCHWERTFISCHROULADEN

8 Port. | 25 Min. | Leicht

Zutaten

8 Stückchen Schwertfisch
1 Knoblauchzehe
6 Basilikumblätter
40 g schwarze Oliven
2 EL Kapern
2 EL Paniermehl
2 EL Pecorino-Käse
Olivenöl
Salz, Chili

Nährwerte p. P.

577 kcal
4 g Kohlenhydrate
25 g Fett
82 g Eiweiß

1 Putzen Sie das Basilikum, spülen Sie die Kapern ab und entsteinen Sie die Oliven.

2 Geben Sie die Zutaten zusammen mit den Semmelbröseln, dem Schafskäse, dem Salz, Knoblauch, Chili und einem Spritzer Öl in einen Mixer.

3 Halbieren Sie die Schwertfischscheiben und füllen Sie jede Scheibe mit etwas von der vorbereiteten Mischung.

4 Wickeln Sie den Fisch vorsichtig und legen Sie diesen in eine geölte Auflaufform. Bestreuen Sie das Ganze mit etwas Paniermehl und backen Sie das Ganze im vorgeheizten Backofen bei 180 °C (Ober-/Unterhitze) ca. zehn Minuten, bis die Oberfläche goldbraun ist.

Tipp: Die im Ofen gebackenen Schwertfischröllchen sind ein leichtes Rezept, welches nicht nur einfach zu machen, sondern auch gesund ist. Es eignet sich besonders als Vorspeise zu einem Hauptgang mit Fisch.

RICOTTA AL FORNO –
RICOTTA IM OFEN

4 Port. 20 Min. Leicht

Zutaten

4 Ricotta
Olivenöl
Rosmarin, frisch
Salz, Pfeffer
Salbei, frisch
Thymian, frisch
Chilipulver
Knoblauchpulver
Basilikum, frisch

Nährwerte p. P.

405 kcal
12 g Kohlenhydrate
31 g Fett
19 g Eiweiß

1 Legen Sie eine Auflaufform mit Backpapier aus, drehen Sie den Ricottakäse auf den Kopf. Wenn er sich lösen lässt, entfernen Sie die Ränder mit der Klinge eines Messers, indem Sie es bündig zwischen dem Ricotta und der Umhüllung hindurchführen. Schneiden Sie den Ricotta oben ca. einen Zentimeter quer ein.

2 Fügen Sie Salz, Pfeffer und Olivenöl hinzu. Hacken Sie die Kräuter. Heizen Sie den Backofen auf 180 °C (Ober-/Unterhitze) vor.

3 Streuen Sie zu den Kräutern etwas Knoblauchpulver und Chilipulver, je nachdem, ob Sie einen scharfen Geschmack mögen.

4 Wenn der Ofen heiß ist, schieben Sie den Käse hinein und backen diesen 15 Minuten lang. Der gebackene Ricotta sollte goldbraun sein und heiß serviert werden.

INVOLTINI DI MELANZANE – AUBERGINEN-RÖLLCHEN

4 Port. 55 Min. Leicht

Zutaten

1 Aubergine
1 Kugel Mozzarella
½ Glas Pesto

Für die Sauce:
400 ml passierte Tomaten
1 Knoblauchzehe
1 Lorbeerblatt
1 Stängel Basilikum
1 TL Zimt
Salz, Pfeffer
n. B. Agavendicksaft, je nach Säure der Tomaten

Außerdem:
n. B. Parmesan oder Pecorino (zum Überbacken)
Olivenöl

Nährwerte p. P.

1536 kcal
28 g Kohlenhydrate
143 g Fett
29 g Eiweiß

1 Hacken Sie den Knoblauch fein. Erhitzen Sie in einem Topf etwas Öl und braten Sie den Knoblauch darin scharf. Geben Sie die passierten Tomaten dazu. Geben Sie das Lorbeerblatt und das kleingeschnittene Basilikum dazu. Salzen und pfeffern Sie die Soße, geben Sie Zimt und Agavendicksaft (alternativ Zucker) dazu. Lassen Sie die Soße ca. 15 Minuten auf kleiner Hitze köcheln und stellen Sie sie anschließend zur Seite.

2 Schneiden Sie die gewaschene Aubergine in längliche Scheiben. Salzen Sie diese und lassen Sie sie kurz stehen, bis Feuchtigkeit austritt. Befreien Sie die Auberginen mit Küchenkrepp von dem Salz. Erhitzen Sie etwas Öl und braten Sie die Auberginen-Scheiben braun aus. Nehmen Sie die Scheiben heraus und saugen Sie mit Küchentüchern das überschüssige Öl auf.

3 Schneiden Sie den Mozzarella in so viele Stücke, wie Sie Auberginen-Scheiben haben. Bestreichen Sie eine Seite der Aubergine mit Pesto, legen Sie ein Stück Mozzarella in die Mitte und rollen Sie die Auberginen-Scheibe auf.

4 Heizen Sie den Ofen auf 180 °C Ober-/Unterhitze vor. Bedecken Sie den Boden einer Auflaufform mit etwas Soße. Geben Sie die Röllchen in die Form und gießen Sie die restliche Tomatensoße darüber. Bestreuen Sie das Ganze mit Parmesan oder Pecorino und überbacken Sie es so lange im Ofen, bis der Käse braun ist.

CROCCHÉ PALERMITANA –
KROKETTEN

25 Stk. | 4 Std. 5 Min. | Leicht

Zutaten

1 kg Kartoffeln
Salz
schwarzer Pfeffer
Minze (oder gehackte Petersilie)

Nährwerte p. P.

607 kcal
8 g Kohlenhydrate
49 g Fett
10 g Eiweiß

1 Kochen Sie die Kartoffeln in kochendem Salzwasser für ca. 35 - 40 Minuten. Sobald diese fertig sind, pürieren Sie sie mit einem Kartoffelstampfer.

2 Nun können Sie das Ganze mit Salz und schwarzem Pfeffer abschmecken. Geben Sie anschließend einige Minzblätter oder gehackte Petersilie hinzu.

3 Formen Sie die Kroketten: Nehmen Sie eine Handvoll Teig und rollen Sie ihn zwischen Ihren Händen zu einer länglichen Form, wie sie typisch für Kroketten ist. Legen Sie die Kroketten auf einen Teller und decken Sie sie mit einem Blatt Küchenpapier ab. Lassen Sie sie mindestens ein paar Stunden im Kühlschrank ruhen.

4 Nach dieser Zeit können Sie die Kroketten im heißen Öl bei ca. 180 °C frittieren.

Tipp: Die Temperatur des Öls ist sehr wichtig. Es darf nicht zu heiß sein, sonst werden die Kroketten zu schnell braun und bleiben innen kalt. Wichtig ist ebenfalls, dass die Kroketten vollständig in das heiße Öl getaucht werden. Auf diese Weise werden sie sich nicht öffnen.

TORTINO DI SARDE –
SARDINEN-TÖRTCHEN

8 Port. | 3 Std. 35 Min. | Leicht

Zutaten

1,3 kg Sardinen (frisch, bereits geputzt und geöffnet)
400 g Paniermehl
Saft und geriebene Schale von 2 Zitronen
2 Knoblauchzehen
200 g Provola (süß)
80 g Parmesan, gerieben
2 EL gehackte Petersilie
Olivenöl
Salz, Pfeffer

Nährwerte p. P.

245 kcal
15 g Kohlenhydrate
9 g Fett
24 g Eiweiß

1 Falls Sie keine bereits geputzten und geöffneten Sardinen finden: Schuppen Sie die Sardinen und entfernen Sie den Kopf und die Eingeweide. Falten Sie sie auf, indem Sie mit dem Mittelfinger am gesamten Bauch entlangfahren, entfernen Sie dann den mittleren Knochen zusammen mit dem Schwanz und, falls erforderlich, die restlichen Knochen. Spülen Sie die Sardinen gründlich ab und trocknen Sie sie auf saugfähigem Papier.

2 Bereiten Sie nun das gewürzte Paniermehl zu: Hacken Sie die Knoblauchzehen. Stellen Sie ein paar Semmelbrösel beiseite und geben Sie den Rest in eine Schüssel.

3 Fügen Sie Parmesan, Petersilie, Zitronenschale und die Knoblauchzehen hinzu. Würzen Sie mit Salz und Pfeffer. Benetzen Sie dann die Mischung zuerst mit dem Zitronensaft und dann mit so viel Öl, wie nötig ist, um sie zu befeuchten. Rühren Sie vorsichtig um.

4 Fetten Sie ein Backblech mit Öl ein und bestreuen Sie es mit den beiseite gestellten Semmelbröseln. Richten Sie eine Schicht Sardellen an und bedecken Sie diese mit dem gewürzten Paniermehl und den Provola-Würfeln.

5 Fahren Sie schichtweise fort, bis die Zutaten aufgebraucht sind. Schließen Sie mit einer Schicht gewürzter Semmelbrösel ab. Beträufeln Sie die Sardinenpastete mit einem Spritzer Öl.

6 Backen Sie das Ganze im vorgeheizten Backofen bei 180 °C (Ober-/Unterhitze) ca. 20 Minuten oder bis sich eine leicht goldene Schicht gebildet hat. Nehmen Sie danach das Törtchen aus dem Ofen und lassen Sie es einige Minuten auskühlen.

Tipp: Sollten Sie keinen süßen Provola-Käse finden, können Sie diesen auch mit Mozzarella-Käse ersetzen.

PARMIGIANA FERDDA –
KALTE PARMESAN-AUBERGINEN

4 Port. | 30 Min. | Leicht

Zutaten

3 runde Auberginen (groß)
2 große, reife Tomaten
1 Mozzarella (350 g)
Olivenöl
Basilikum
Salz

Nährwerte p. P.

580 kcal
15 g Kohlenhydrate
35 g Fett
41 g Eiweiß

1 Stellen Sie einen kleinen Topf mit Wasser auf den Herd und erhitzen Sie es, damit Sie die Tomaten überbrühen können, welche Sie zuvor an der Oberseite x-förmig eingeschnitten haben, um das Entfernen der Haut zu erleichtern.

2 Schneiden Sie sie anschließend in etwa einen halben Zentimeter dicke Scheiben, entfernen Sie die Kerne und würfeln Sie das Fruchtfleisch. Waschen Sie die Auberginen und schneiden Sie sie in gleichmäßige, ca. 1cm dicke Scheiben. Bestreuen Sie sie mit grobem Salz und legen Sie sie für zehn Minuten in ein Sieb. Kippen Sie das Sieb leicht, damit die Flüssigkeit besser abfließen kann, dann tupfen Sie diese trocken, um das Salz zu entfernen.

3 Schneiden Sie den Mozzarella in Scheiben und waschen Sie einige Basilikumblätter, die Sie zum Füllen und Garnieren Ihrer Parmigiana verwenden werden. Erhitzen Sie eine Grillpfanne und braten Sie die Auberginen von beiden Seiten ca. zehn Minuten lang.

4 Richten Sie zum Schluss die Parmigiana mit einer Auberginenscheibe auf einem Teller an, gefolgt von einer Scheibe Mozzarella, etwas Parmesan, einer gewürfelten Tomate und ein paar Basilikumblättern. Schließen Sie jede Schicht mit einem Teelöffel Öl und einer Prise Salz ab. Fahren Sie so mit zwei oder drei Schichten fort.

Tipp: Wenn Sie möchten, können Sie zwischen jeder Schicht auf dem Mozzarella ein Sardellenfilet in Öl hinzufügen.

INSALATA DI BOLLITO DI MANZO –
SALAT AUS GEKOCHTEM RIND

2 Port. 2,5 Std. Leicht

Zutaten

400 g Rindfleisch
120 g gekochte Cannellini-Bohnen
1 Staudensellerie
½ rote Zwiebel
½ weiße Zwiebel
½ Karotte
Sellerieblätter
Senf
Weißweinessig
Lorbeerblatt
Olivenöl
Salz, Pfefferkörner

Nährwerte p. P.

551 kcal
28 g Kohlenhydrate
26 g Fett
46 g Eiweiß

1 Geben Sie das Fleisch in einen Topf, bedecken Sie es mit Wasser, fügen Sie den Sellerie, die Zwiebeln, Karotte, eine halbe Handvoll Pfefferkörner und ein Lorbeerblatt hinzu und bringen Sie das Ganze zum Kochen. Lassen Sie es anschließend 2 Stunden und 10 Minuten kochen. Lassen Sie es nach der Kochzeit abkühlen und zerkleinern Sie dann das Fleisch.

2 Schneiden Sie die rote Zwiebel in Ringe, den Sellerie in Scheiben. Bereiten Sie ein Dressing aus Senf, Öl, Salz, Pfeffer und Weißweinessig in Mengen nach Ihrem Geschmack zu.

3 Mischen Sie das zerkleinerte Fleisch mit den Bohnen, Zwiebelringen und Selleriescheiben und würzen Sie das Ganze mit dem Dressing. Garnieren Sie es mit den Sellerieblättern und servieren Sie es.

Tipp: Cannellini-Bohnen sind ihren roten Verwandten, den Kinder-Bohnen, sehr ähnlich und schmecken nussig und mild. Sie werden beim Kochen cremig und weich, ohne dass ihre Form zerfällt. Die Bohnen finden Sie im Internet, alternativ können Sie diese mit Sidney-Bohnen ersetzen.

IMPEPATA DI COZZE ALLA MESSINESE – MIESMUSCHELN AUF MESSINA-ART

2 Port. | 40 Min. | Leicht

Zutaten

1 kg Miesmuscheln, geputzt
3 Tomaten
1 Bund Petersilie
frisch gemahlener Pfeffer
1 Knoblauchzehe
Olivenöl
4 Brotstücke

Nährwerte p. P.

318 kcal
14 g Kohlenhydrate
4 g Fett
55 g Eiweiß

1 Waschen Sie die Muscheln gut (wenn Sie bereits sauber sind, reicht es, sie zu waschen, anderenfalls müssen Sie sich mit Geduld und einem Netz bewaffnen und sie sorgfältig säubern, dann den Byssus abreißen und sie erneut gut waschen).

2 Häuten Sie die Tomaten, halbieren Sie sie, entfernen Sie die Kerne und das Pflanzenwasser und schneiden Sie sie in Filets. Hacken Sie die Petersilienblätter fein.

3 Geben Sie das Öl, die Knoblauchzehe und die Petersilienstängel in eine sehr große Pfanne. Braten Sie beides gut an und fügen Sie dann die Muscheln hinzu. Erhöhen Sie die Hitze, legen Sie den Deckel auf und kochen Sie das Ganze unter gelegentlichem Rühren, bis sich die Muscheln geöffnet haben.

4 Fügen Sie die Tomatenfilets und die fein gehackte Petersilie hinzu. Geben Sie dann reichlich frisch gemahlenen schwarzen Pfeffer hinein.

5 Fetten Sie die Brotscheiben leicht ein und rösten Sie sie in einer Pfanne. Servieren Sie die Muschelsuppe heiß mit der Sauce und dem gerösteten Brot.

Tipp: Die Muschelsuppe kann auch „in Bianco“ also „in Weiß“ zubereitet werden. In diesem Fall ohne Tomate, wodurch der Geschmack der Muscheln und des Meeres noch intensiver werden.

PEPERONI FRITTI –
FRITTIERTE PEPERONI

2 Port. | 17 Min. | Leicht

Zutaten

250 g grüne Peperoni
1 EL Weißweinessig
½ L Sonnenblumenöl
Salz

Nährwerte p. P.

33 kcal
4 g Kohlenhydrate
0 g Fett
1 g Eiweiß

1 Waschen Sie die Peperoni und lassen Sie sie gut abtropfen. Wenn Sie größere Peperoni haben, stechen Sie sie mit einem Spieß oder einer Gabel ein.

2 Erhitzen Sie reichlich Bratöl in einer Pfanne. Salzen Sie die Paprikaschoten leicht. Wenn das Öl die richtige Temperatur hat, geben Sie sie in die Pfanne.

3 Sobald die Schoten auf einer Seite goldbraun sind, wenden Sie sie auf die andere Seite. Wenn Sie gut gebraten sind, nehmen Sie sie mit einem Schaumlöffel oder einer Schaumkelle aus der Pfanne.

4 Legen Sie sie auf saugfähiges Papier, um überschüssigen Öl zu entfernen. Würzen Sie nochmals mit Salz und beträufeln sie alles mit etwas Essig.

CARCIOFI RIPIENI CON IL TAPPO ALLÚOVO – GEFÜLLTE ARTISCHOCKEN

4 Port. 17 Min. Leicht

Zutaten

4 frische Artischocken
750 g passierte Tomaten
3 Eier
1 Zwiebel
1 Zitrone
Paniermehl
Caciocavallo
Petersilie
Salz, Pfeffer
Olivenöl

Nährwerte p. P.

318 kcal
14 g Kohlenhydrate
4 g Fett
55 g Eiweiß

1 Reinigen Sie die Artischocken, indem Sie den Stiel, die Stacheln und die härteren Blätter entfernen. Schneiden Sie die Spitzen ab und entfernen Sie auch die innersten Blätter, sodass eine Mulde entsteht, und weichen Sie die Artischocken in einer Schüssel mit Wasser und Zitronensaft ein.

2 Braten Sie die in dünne Scheiben geschnittene Zwiebel an, geben Sie das Paniermehl dazu und rösten Sie es mit der Zwiebel an. Salzen Sie, geben Sie etwas Pfeffer und gehackte Petersilie hinzu.

3 Verquirlen Sie in einer Schüssel die Eier mit einer Gabel und fügen Sie ebenfalls gehackte Petersilie hinzu.

4 Lassen Sie die Artischocken gut abtropfen und füllen Sie sie mit der zuvor zubereiteten Würzmischfüllung, zu der Sie Würfel vom Caciocavallo (oder Provolone) hinzufügen. Drücken Sie die Mischung gut an und geben Sie die Artischocken nach und nach in eine Schale.

5 Wenn alle Artischocken gefüllt sind, erhitzen Sie etwas Öl in einer flachen, relativ großen Pfanne. Tauchen Sie die Artischocken in die verquirlten Eier, wobei Sie nur die Oberseite benetzen. Machen Sie so lange weiter, bis das Ei von der Würze aufgesogen ist.

6 Drehen Sie die Artischocken in der Pfanne vorsichtig um und achten Sie darauf, dass die Füllung nicht herausläuft. Braten Sie die Artischocken an, bis sich ein Omelettdeckel bildet, verfahren Sie dann mit allen Artischocken genauso.

7 Legen Sie die Artischocken mit dem Deckel nach unten in die Pfanne und geben Sie die Tomatensauce dazu. Salzen und pfeffern Sie alles und kochen Sie sie auf kleiner Flamme bei geschlossenem Deckel etwa 20 - 30 Minuten, bis sie weich sind.

Tipp: Die „Carciofi ripieni con il tappo“ sind ein typisches traditionelles Gericht der palermitanischen Küche. Dies ist eine der vielen Zubereitungsarten für Artischocken in Palermo und im übrigen Sizilien. Ein Gemüse, das viele positive Eigenschaften für unseren Organismus hat.

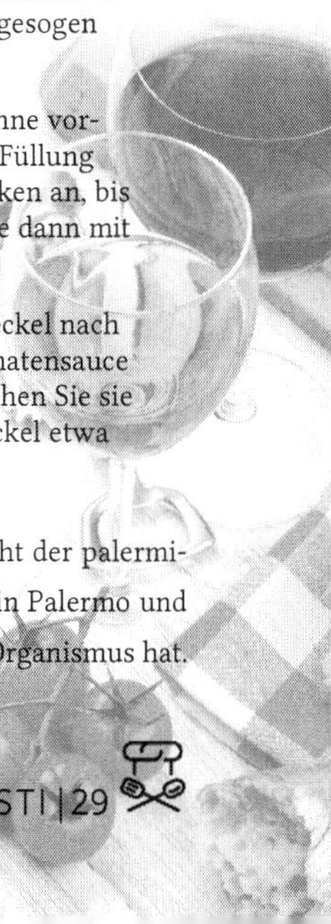

ZUCCA GIALLA IN AGRODOLCE – GELBER SÜSS-SAURER KÜRBIS

2 – 4 Port. | 1,5 Std. | Leicht

Zutaten

400 g Kürbis
Olivenöl
3 EL Weißweinessig
3 EL Zucker
1 Knoblauchzehe
1 Bund Minze
Salz

Nährwerte p. P.

244 kcal
54 g Kohlenhydrate
1 g Fett
3 g Eiweiß

1 Reinigen Sie den Kürbis, indem Sie die Schale und die inneren Kerne entfernen. Schneiden Sie ihn dann in dünne Scheiben. Geben Sie etwas Öl in eine Pfanne und wenn es heiß ist, geben Sie die Kürbisspalten dazu. Braten Sie sie auf beiden Seiten etwa zwei Minuten lang. Nehmen Sie den Kürbis heraus, salzen Sie diesen und stellen Sie ihn beiseite.

2 Geben Sie in dieselbe Pfanne den Essig und den Zucker. Erhitzen Sie es auf mittlerer Flamme und wenn sich der Zucker aufgelöst hat, fügen Sie den gehackten Knoblauch und die Minze hinzu. Geben Sie die Kürbisspalten hinzu und rühren Sie sehr vorsichtig um, damit die Spalten gut von der Marinade bedeckt bleiben, aber nicht zerbrechen. Lassen Sie das Ganze einige Minuten ziehen, um den Geschmack zu verstärken. Geben Sie alles in eine Auflaufform und lassen Sie es mindestens eine Stunde im Kühlschrank ziehen.

3 Vor dem Servieren nehmen Sie den Kürbis aus dem Kühlschrank. Lassen Sie diesen 15 - 20 Minuten bei Raumtemperatur stehen und geben Sie ihn dann auf eine Servierplatte.

Tipp: Süß-saurer Kürbis ist eine sehr gute Beilage, die gut zu gebratenen oder gegrillten Fleischgerichten und Käse passt. Hierbei handelt es sich um ein traditionelles sizilianisches Rezept. Das Verfahren der Marinade ist sehr schnell und einfach, allerdings sollte man mindestens eine Stunde (besser zwei) warten, bis der Kürbis das Aroma angenommen hat. Zusammen mit einem guten Käse wird dieses Gericht zur perfekten Vorspeise. Diese und ähnliche Zubereitungen, bei denen Zucker und Essig verwendet werden, sind in vielen Teilen Italiens eine Tradition.

Hauptspeisen mit Fisch

AGGHIOTTA DIE PESCE SPADA –
SCHWERTFISCH-AGGHIOTTA

6 Port. 50 Min. Leicht

Zutaten

6 Stück Schwertfisch (je 150 g)
450 g Tomaten, Dose (entkernt, gehackt, geschält)
9 EL Olivenöl
1 ½ Zwiebeln
1 ½ Knoblauchzehen
45 g Sultaninen
45 g Pinienkerne
1 ½ EL Kapern
75 g grüne Oliven, entsteint
½ EL gehackte Petersilie
Salz, Pfeffer

Nährwerte p. P.

871 kcal
27 g Kohlenhydrate
61 g Fett
50 g Eiweiß

1 Für die Soße: Weichen Sie die Sultaninen ca. ½ Stunde in warmem Wasser ein, pressen Sie sie dann aus.

2 Schneiden Sie die Zwiebeln, zerdrücken Sie den Knoblauch und braten Sie beides in einer Pfanne mit Öl an. Fügen Sie anschließend die Pinienkerne, Kapern, Oliven, Sultaninen und gehackten Tomaten hinzu. Kochen Sie das Ganze zugedeckt bei mäßiger Hitze 15 Minuten.

3 Waschen und trocknen Sie die Fischscheiben, salzen und pfeffern Sie diese und legen Sie sie in eine geölte Auflaufform. Gießen Sie die Soße darüber und bestreuen Sie den Fisch mit der Petersilie.

4 Backen Sie den Fisch im vorgeheizten Backofen bei 150 °C (Ober-/Unterhitze) ca. 15 Minuten. Wenden Sie dabei die Fischscheiben nach der Hälfte der Garzeit. Servieren Sie das Gericht kochend heiß.

Tipp: Die Schwertfisch-Agghiotta ist ein typisches Rezept aus der Stadt Messina in Sizilien. Davon gibt es zwei Varianten, entweder wird der Schwertfisch in Stückchen oder als Röllchen zubereitet. Der Fisch wird in diesem Rezept mit vielen anderen mediterranen Aromen wie Kapern, Oliven und Lorbeerblättern begleitet.

INVOLTINI DI PESCE SPADA SICILIANI – SCHWERTFISCH-ROULADEN

8 Port. 55 Min. Leicht

Zutaten

1 kg Schwertfisch
50 g Sultaninen
50 g Pinienkerne
2 Anchovis
100 g Paniermehl
50 g Parmesan, gerieben
1 Bündel Petersilie
1 Knoblauchzehe
1 Zwiebel
ein paar Lorbeerblätter
Salz, Pfeffer
Olivenöl

Nährwerte p. P.

517 kcal
32 g Kohlenhydrate
16 g Fett
58 g Eiweiß

1 Schneiden Sie den Schwertfisch in kleine, gleichmäßige Scheiben, indem Sie die Haut von den Rändern entfernen und sie abflachen (sie sollten einen Zentimeter dick sein).

2 Heben Sie einen Teil des Schwertfischs (ca. 300 g) für die Füllung auf, welche Sie folgendermaßen zubereiten: Braten Sie den Knoblauch, den restlichen gehackten Schwertfisch und die Petersilie, ebenfalls kleingehackt, in einer Pfanne mit Öl an.

3 Schmelzen Sie die gesäuberten und entbeinten Sardellen in etwas Öl an. Geben Sie die Sardellen zusammen mit dem Paniermehl, den Pinienkernen, den Sultaninen und dem geriebenen Parmesan zu der vorbereiteten Frittiermasse. Vermengen Sie alles miteinander, würzen Sie mit Salz und Pfeffer und nehmen Sie das Ganze vom Herd.

4 Geben Sie eine Portion der Mischung auf jede Schwertfischscheibe, welche Sie dann wie eine Roulade aufrollen. Fädeln Sie sie zusammen auf Spieße, nach Belieben abwechselnd mit Zwiebeln und Lorbeerblättern, und legen Sie sie auf den Grill, nachdem Sie sie geölt und paniert haben. Sie können diese auch in eine Auflaufform legen und bei 200 °C (Ober-/Unterhitze) 20 Minuten lang backen oder auch in einer Pfanne braten. Die Schwertfisch-Rouladen sollten kochend heiß serviert werden.

Tipp: Schwertfisch-Rouladen sind ein traditionelles sizilianisches Sommergericht, insbesondere aus Catania. Die Röllchen passen sehr gut zu vielen Beilagen. Zum Beispiel können Sie diese mit Paprika und Kapern oder Kartoffeln servieren. Von diesem Gericht gibt es sehr viele Varianten, da es solch ein berühmtes Gericht ist. In manchen Fällen werden für die Füllung Pecorino-Käse und Pinienkerne verwendet.

ZUPPA DI PESCE –
FISCHSUPPE

8 Port. | 1 Std. | Mittel

Zutaten

2 kg Fisch für Suppe (Gambas, Calamari, Rotbarsch, Tracina, Meeräsche, Seeteufel, Tintenfisch, Muscheln, Venusmuscheln)
1 Bund Petersilie
2 Knoblauchzehen
500 g Tomaten, passiert
etwas Zimtpulver
Salz, Pfeffer, frisch gemahlen
Olivenöl
1 Chilischote
Weißwein

Nährwerte p. P.

465 kcal
27 g Kohlenhydrate
4 g Fett
80 g Eiweiß

1 Säubern, schuppen und nehmen Sie alle Fische und Schalentiere aus. Schneiden Sie die großen Fische in Scheiben und verwenden Sie dabei auch die Köpfe.

2 Schneiden Sie den Muschelmantel in Ringe und die Tentakel in kleine Stücke.

3 Braten Sie in einem großen Topf die Knoblauchzehen und die Chilischote in dem Olivenöl an und nehmen Sie diese heraus, sobald sie Farbe angenommen haben, löschen Sie dann mit Weißwein ab und lassen Sie ihn verdunsten. Geben Sie die Fische entsprechend der Garzeit ihres Fleisches hinzu und braten Sie auf kleiner Flamme an.

4 Geben Sie die passierten Tomaten, einen Teil der gehackten Petersilie und den Zimt hinzu und bedecken Sie zum Schluss alles mit einem Schuss heißem Wasser. Lassen Sie das Ganze bei mittlerer Hitze zugedeckt ca. 15 - 25 Minuten garen, je nach Größe des Fisches.

5 Geben Sie die Venus- und Miesmuscheln hinzu und erst, wenn sie sich geöffnet haben, schalten Sie die Flamme aus und geben die Krustentiere und die restliche Petersilie hinzu, wobei der Topf zugedeckt bleibt. Würzen Sie mit Salz und Pfeffer.

6 Servieren Sie die Suppe heiß und legen Sie dazu in nativem Olivenöl extra angebratenes Brot auf den Boden der Schüssel.

Tipp: Damit das Gericht gelingt und alle Fische gleichmäßig gegart werden, müssen sie je nach Konsistenz ihres Fleisches in die Pfanne gegeben werden. Fügen Sie daher zunächst Fische wie Seeteufel, dann Zackenbarsch hinzu und enden Sie mit Fischen mit zartem Fleisch wie Meeräsche oder Seehecht.

PESCE SPADA ALLA SICILIANA –
SCHWERTFISCH AUF SIZILIANISCHE ART

8 Port. | 40 Min. | Mittel

Zutaten

8 Stück Schwertfisch (je 150 g)
100 g grüne Oliven, entsteint
500 g Tomaten (Dose, geschält)
2 EL Kapern
2 Stangen Sellerie
Olivenöl
Salz, Pfeffer

1 Hacken Sie den Sellerie zusammen mit den Kapern und den entkernten Oliven. Braten Sie den gehackten Sellerie mit 4 EL Olivenöl an. Fügen Sie dann die geschälten Tomaten hinzu und rühren Sie um.

2 Fügen Sie eine Kelle heißes Wasser hinzu und lassen Sie alles ca. 30 Minuten kochen.

3 Waschen Sie die Schwertfischscheiben und trocknen Sie diese ab. Legen Sie diese dann in eine Pfanne mit der Sauce. Lassen Sie sie ca. zehn Minuten auf jeder Seite garen. Schmecken Sie mit reichlich Salz und Pfeffer ab und servieren Sie es.

Nährwerte p. P.

454 kcal
11 g Kohlenhydrate
16 g Fett
63 g Eiweiß

Tipp: Die Kombination von Schwertfisch in Sizilien ist sicherlich nicht neu für Sie, da diese Art von Fisch typisch für die Insel ist. Das Rezept sieht jedoch vor, den Schwertfisch mit geschälten Tomaten, einer Handvoll Kapern und einigen Oliven sowie einer Stange Sellerie zu kombinieren. Das ist eine gute Möglichkeit, den Fisch auf eine andere Art und Weise zu kochen, anstatt immer in weißer Soße mit Knoblauch und Öl.

SARDE A BECCAFICO – SARDINEN

4 Port. | 30 Min. | Mittel

Zutaten

600 g Sardinen
200 g Paniermehl
1 Sardellenfilet, entsalzen und gehackt
1 TL gehackte Kapern
½ Glas Olivenöl
1 TL Oregano
1 Knoblauchzehe
1 Handvoll Pinienkerne
1 Handvoll Sultaninen
1 Orange oder Zitrone
kleine Lorbeerblätter
1 Glas Weißwein
Salz, Pfeffer (gemahlen)

Nährwerte p. P.

580 kcal
10 g Kohlenhydrate
25 g Fett
87 g Eiweiß

1 Weichen Sie die Sultaninen fünf Minuten lang in einem Glas Weißwein und lauwarmem Wasser ein. Gießen Sie sie dann ab und stellen Sie sie beiseite. Schneiden Sie die Köpfe und Schwänze der Sardinen ab, entfernen Sie die Innereien, spülen Sie die Sardinen ab und legen Sie sie auf ein Blatt Papierhandtücher. Klappen Sie die Sardinen vorsichtig auf, entfernen Sie die Gräten und richten Sie sie auf einem Teller an.

2 Erhitzen Sie für die Füllung eine beschichtete Pfanne, geben Sie die Semmelbrösel hinein und braten Sie diese ein paar Minuten, bis sie goldbraun und knusprig sind. Hacken Sie den Knoblauch und das Sardellenfilet und vermischen Sie dieses mit den Semmelbröseln, den gehackten Sultaninen, den grob zerkleinerten Pinienkernen sowie einer Prise Pfeffer, 1 TL Oregano und Salz. Geben Sie das Olivenöl dazu und verrühren Sie alles gut.

3 Legen Sie die geöffneten Sardinen auf ein Backblech und geben Sie einen TL der Füllung auf jede Sardine. Rollen Sie die Fischfilets auf und fädeln Sie diese nach Belieben mit einem Zahnstocher auf, damit sie sich beim Garen nicht öffnen.

4 Ordnen Sie die Röllchen fein säuberlich auf einem Backblech an und belegen Sie sie mit den kleinen Lorbeerblättern. Beträufeln Sie das Ganze mit dem Saft einer Orange oder Zitrone und backen Sie sie im heißen Ofen bei 180 °C (Ober-/Unterhitze) 18 Minuten lang. Servieren Sie die Sarde a beccafico und beträufeln Sie sie etwas mit Olivenöl.

Tipp: Wie bei vielen traditionellen Rezepten variieren die Zutaten und Zubereitungsmethoden leicht zwischen den einzelnen Provinzen. Die Sarde a beccafico aus Palermo werden im Ofen gegart, in den Regionen Catania und Messina werden der Füllung Würfel von trockenem Käse oder Pecorino beigefügt und die Sardinen werden zu zweit in Sandwichform gefüllt, paniert und gebraten.

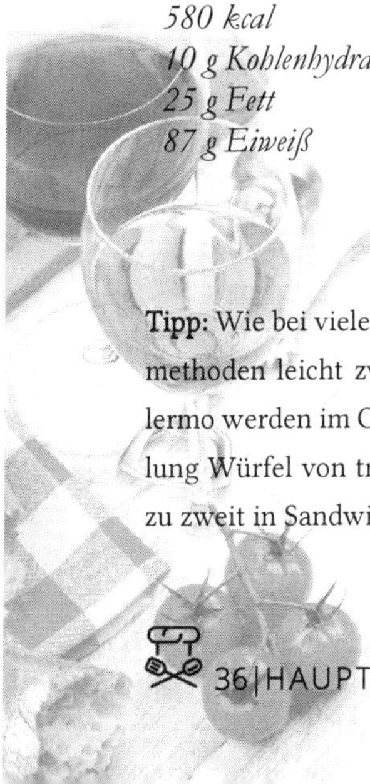

PACCHERI CON RAGÚ DI PESCE SPADA – PACCHERI MIT SCHWERTFISCHSOSSE

4 Port. 30 Min. Mittel

Zutaten

360 g Paccheri (oder andere Nudeln)
400 g Schwertfisch
10 Datteltomaten
½ Zwiebel
1 Karotte
1 Knoblauchzehe
60 ml Weißwein
gehackte frische Petersilie
Salz, Pfeffer
Olivenöl

Nährwerte p. P.

909 kcal
134 g Kohlenhydrate
10 g Fett
62 g Eiweiß

1 Hacken Sie die Zwiebel, die Karotte und den Knoblauch fein und braten Sie die Zutaten an. Geben Sie reichlich Öl in eine Pfanne, geben Sie die gehackte Mischung hinein und bestreuen Sie alles mit der gehackten Petersilie. Geben Sie anschließend die halbierten Datteltomaten hinzu und garen Sie alles für 6 - 7 Minuten weiter.

2 Geben Sie nun die Schwertfisch-Würfel hinzu, löschen Sie mit Weißwein ab, lassen Sie diesen verdunsten und lassen Sie das Ganze für weitere fünf Minuten kochen. Schmecken Sie mit Salz und Pfeffer ab und verfeinern Sie alles mit einer Handvoll gehackter Petersilie.

3 Kochen Sie die Nudeln und gießen Sie sie al dente ab. Stellen Sie dabei etwas Kochwasser beiseite. Vermischen Sie die Nudeln mit der Sauce und bei Bedarf können Sie etwas Kochwasser hinzufügen. Bestreuen Sie das Ganze mit etwas Petersilie und servieren Sie es.

POLPETTE DI TONNO E PATATE –

FRIKADELLEN AUS THUNFISCH UND KARTOFFELN

12 Port. 30 Min. Mittel

Zutaten

1 kg gekochte Kartoffeln
640 g Thunfisch (in Öl eingelegt, abgetropft)
2 Eier
60 g geriebener Käse
2 Bund Petersilie
160 g Paniermehl
Salz
Sonnenblumenöl

Nährwerte p. P.

1201 kcal
144 g Kohlenhydrate
26 g Fett
89 g Eiweiß

1 Zerdrücken Sie die gekochten Kartoffeln mit einer Gabel und geben Sie den abgetropften Thunfisch dazu. Fügen Sie Salz, geriebenen Käse, die Eier und Petersilie hinzu und vermengen Sie alle Zutaten mit einer Gabel.

2 Formen Sie dann daraus zwölf Kugeln und wälzen Sie diese im Paniermehl. Um das Ganze einfacher zu machen, können Sie Ihre Hände mit etwas Olivenöl einreiben.

3 Geben Sie eine Pfanne auf Ihren Herd und wärmen Sie das Öl auf. Braten Sie die Bällchen darin, drehen Sie diese öfter um und lassen Sie sie anschließend auf einem Papierhandtuch abtropfen.

Tipp: Wenn Sie die Bällchen nicht frittieren wollen, können Sie diese auch im Backofen backen. Legen Sie die Bällchen dafür auf ein Backblech, welches Sie mit Backpapier ausgelegt haben, und backen Sie sie im heißen Ofen bei 180 °C (Ober-/Unterhitze) für ca. 30 Minuten.

SEPPIE CON CARCIOFI –
TINTENFISCH MIT ARTISCHOCKEN

2 Port. | 1 Std. 10 Min. | Mittel

Zutaten

500 g Tintenfisch
2 Artischocken
½ Knoblauchzehe
½ Zwiebel
Petersilie
100 ml Weißwein
¼ Zitrone
1 EL Olivenöl
Salz, Pfeffer

Nährwerte p. P.

450 kcal
10 g Kohlenhydrate
17 g Fett
49 g Eiweiß

1 Säubern Sie den Tintenfisch, indem Sie Gräten, die innere und äußere Haut sowie die Tintenblase entfernen. Waschen Sie diesen und trocknen Sie ihn dann.

2 Säubern Sie die Artischocken, indem Sie die harten Blätter und die Spitzen entfernen. Teilen Sie sie dann in zwei Hälften, entfernen Sie den inneren „Bart“ und schneiden Sie sie in dünne Spalten.

3 Hacken Sie die Zwiebel und den Knoblauch und braten Sie diese in einer Pfanne mit Öl an. Geben Sie den Tintenfisch hinzu, beträufeln Sie das Ganze mit Weißwein und, wenn dieser verdunstet ist, fügen Sie die in Scheiben geschnittenen Artischocken hinzu.

4 Würzen Sie mit Salz und Pfeffer und garen Sie das Ganze zugedeckt bei schwacher Hitze 40 Minuten. Gießen Sie gegebenenfalls Wasser nach.

5 Richten Sie nach dem Garen die Tintenfische in der Mitte einer Servierplatte an, bestreuen Sie sie mit gehackter Petersilie und dem Saft ¼ Zitrone und richten Sie mit den Artischockensegmenten umgeben an.

POLPETTE DI ALICI –
ANCHOVIES-BÄLLCHEN

8 Port. | 1 Std. 10 Min. | Mittel

Zutaten

360 g Anchovis
200 g Paniermehl
60 g Pecorino-Käse
2 Knoblauchzehen
2 Eier
2 Zitronenschalen, gerieben
4 - 5 Bunde Petersilie
Mehl
Salz, Pfeffer

Nährwerte p. P.

450 kcal
10 g Kohlenhydrate
17 g Fett
49 g Eiweiß

1 Säubern Sie als Erstes die Sardellen, schneiden Sie die Köpfe und Schwänze ab und schlitzen Sie den Bauch auf. Heben Sie die Gräte mit der Klinge des Messers an und ziehen Sie sie mit den Fingern heraus. Spülen Sie die Sardellen mehrmals ab, bis das Wasser klar ist. Schneiden Sie die Anchovis in kleine Stücke und geben Sie sie in eine Schüssel.

2 Weichen Sie das Paniermehl in einer Schüssel mit Wasser ein, drücken Sie es gut aus und geben Sie die Sardellen hinzu. Fügen Sie außerdem die gehackte Petersilie, den Knoblauch und die Zitronenschale hinzu.

3 Rühren Sie um und fügen Sie den geriebenen Schafskäse und das geschlagene Ei hinzu. Würzen Sie mit Salz und Pfeffer und vermischen Sie alles gut, bis alle Zutaten miteinander verbunden sind. Formen Sie aus der Masse walnussgroße Kugeln und wälzen Sie diese in Mehl.

4 Erhitzen Sie in einer großen Pfanne etwas Öl und braten Sie die Fischbällchen von allen Seiten an.

Tipp: Sie können den Pecorino-Käse durch Parmesan ersetzen. Wenn Sie keinen Käse mögen, können Sie diesen auch durch Semmelbrösel ersetzen. Die Sardelle oder Anchovis gehört zu den ölhaltigen Fischen und ist, wie alle Fische dieser Kategorie, reich an Omega-3-Fettsäuren, Kalzium, Eisen und Phosphor. Diese Art von Fisch wird sehr oft in Öl oder Salz gebraten, für die berühmte Colatura di Alici oder zum Würzen von Soßen verwendet.

TONNO ALLA SICILIANA –
THUNFISCH AUF SIZILIANISCHE ART

4 Port. | 25 Min. | Mittel

Zutaten

4 Stück frischer Thunfisch
2 rote Zwiebeln
24 Datteltomaten
2 EL schwarze Oliven, entkernt
2 EL Kapern
2 Bunde Minze
2 Zitronenschalen, gerieben
Olivenöl
Salz
Chili

Nährwerte p. P.

702 kcal
24 g Kohlenhydrate
26 g Fett
90 g Eiweiß

1 Schälen Sie die Tomaten und schneiden Sie diese in kleine Stücke. Alternativ können Sie auch Tomatenmark verwenden. Nehmen Sie eine Bratpfanne mit breitem Boden und geben Sie etwas Olivenöl hinein. Fügen Sie die in Scheiben geschnittenen Zwiebeln und ein kleines Stück Chilischote hinzu und braten Sie alles bei kleiner Hitze an.

2 Sobald die Zwiebel glasig ist, erhöhten Sie die Hitze und fügen die Tomaten hinzu. Würzen Sie mit Salz und fügen Sie die Kapern, Oliven und die Minze hinzu. Lassen Sie alles ein paar Minuten kochen.

3 Legen Sie die Thunfisch-Steaks in die Pfanne und fügen Sie eine kleine Tasse heißes Wasser hinzu. Lassen Sie das Ganze einige Minuten zugedeckt garen und drehen Sie anschließend die Steaks auf die andere Seite. In wenigen Minuten ist der Thunfisch gar. Schmecken Sie mit Salz ab und fügen Sie die abgeriebene Zitronenschale hinzu.

Tipp: Der Thunfisch schmeckt sowohl warm als auch kalt. Es wird empfohlen, das Gericht etwas im Voraus zuzubereiten und vor dem Servieren wieder aufzuwärmen, dann schmeckt es noch besser!

Hauptspeisen mit Fleisch

STIGGHIOLA –
LAMMSPIESSE

5 Port. | 1 Std. 25 Min. | Mittel

Zutaten

1 kg frische Lammdärme
Petersilie
3 Lauchzwiebeln
1 Zitrone
Salz, Pfeffer
Olivenöl

Nährwerte p. P.

702 kcal
24 g Kohlenhydrate
26 g Fett
90 g Eiweiß

1 Für dieses Gericht müssen Sie ganz frische, bereits vom Metzger Ihres Vertrauens gereinigte Därme kaufen, die Sie dann noch mal selbst waschen, um sicherzustellen, dass sie sehr sauber sind. Manche legen sie in kaltes Wasser mit Salz und Weinessig, andere waschen sie mit Wasser und Zitrone. Wichtig ist, dass Sie darauf achten, sie nicht zu zerbrechen und sie gut auf einem Tuch oder auf saugfähigem Papier zu trocknen. Geben Sie die Därme in eine Schüssel mit etwas Olivenöl, einer Prise Salz und gemahlenem Pfeffer und lassen Sie diese dann ca. eine Stunde darin marinieren.

2 Waschen Sie die Petersilie und die Lauchzwiebeln. Halbieren Sie die Lauchzwiebeln der Länge nach, um 2 lange Streifen zu erhalten. Legen Sie einen Petersilienstängel und einen Lauchstängel auf ein Schneidebrett und wickeln Sie sie mit den Innereien vorsichtig und fest auf den Spieß. Die Stigghiola werden auf dem Grill gegart, nicht zu heiß, und mit Salz, Pfeffer und Zitronenscheiben serviert.

Tipp: Es gibt kein Gericht, das die sizilianische Straßenküche besser repräsentiert als die Stigghiola. Diese wird von den „ustigghiolaru“ zubereitet, gekocht und auf der Straße verkauft. Der Stigghiola wurde vom Ministerium für Landwirtschaft und Ernährung in die Liste der traditionellen italienischen Agrar- und Ernährungsprodukte aufgenommen. Es wird mit Lamm- und Schafsdärmen zubereitet.

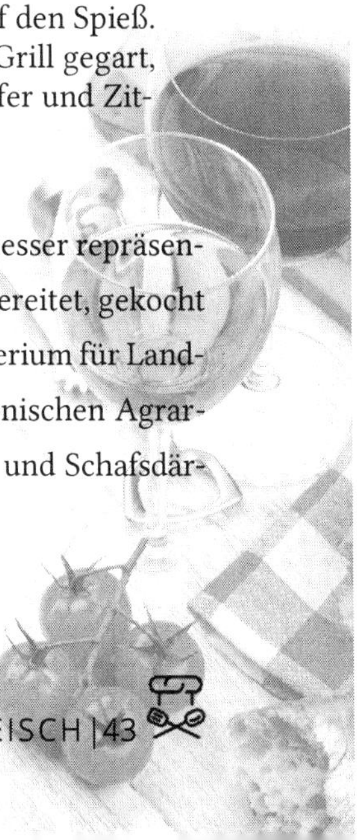

INVOLTINI DI CARNE RIPIENI –
GEFÜLLTE FLEISCHROULADEN

5 – 6 Port. | 25 Min. | Leicht

Zutaten

800 g Kalbsfilets
200 g Speck
200 g Emmentaler
14 Salbeiblättchen
2 Gläser Weißwein, trocken
Olivenöl
Salz, Pfeffer

Nährwerte p. P.

1245 kcal
0 g Kohlenhydrate
72 g Fett
130 g Eiweiß

1 Legen Sie die Kalbsfilets auf ein Schneidebrett und legen Sie in die Mitte jedes Stückes eine Scheibe Speck und ein Stück Emmentaler. Legen Sie auf den Käse ein Blättchen Salbei.

2 Rollen Sie die Filets ein und schließen Sie die Seiten gut. Binden Sie die Rouladen mit Küchengarn zusammen und braten Sie sie in einer Pfanne mit etwas Öl ca. fünf Minuten an. Wenden Sie dabei ab und zu.

3 Geben Sie den Weißwein hinzu, würzen Sie mit Salz und Pfeffer und lassen Sie das Ganze für weitere zehn Minuten köcheln.

4 Wenn die Rouladen gar sind, schalten Sie den Herd aus und entfernen die Küchenschnur. Geben Sie die Kalbsrouladen auf eine Servierplatte, beträufeln Sie sie mit der Bratensoße und servieren Sie diese heiß.

Tipp: Die Füllung Ihrer Rouladen kann mit dem Käse und der Wurst zubereitet werden, die Sie mögen. Das Kalbfleisch kann außerdem durch Schweine- oder Putenfleisch ersetzt werden.

PASTA NCASCIATA ALLA MESSINESE -
PASTA IM OFEN

8 – 9 Port. | 1 Std. 40 Min. | Leicht

Zutaten

400 g Hackfleisch
4 EL Paniermehl
2 Eier
2 Bunde Petersilie, gehackt
½ Glas Weißwein, trocken
100 ml Tomatensoße
Salz, Pfeffer
Olivenöl

Für die Nudeln:
800 g Rigatoni
200 g Caciocavallo (oder Provolone)
200 g Salami (oder Mortadella)
6 Eier
4 Auberginen
1400 ml Tomatensoße
300 g Pecorino-Käse
Basilikum
Olivenöl
Salz

Nährwerte p. P.

1245 kcal
0 g Kohlenhydrate
72 g Fett
130 g Eiweiß

1 Vermischen Sie zuerst das Hackfleisch mit 4 EL Pecorino, Semmelbröseln, verquirltem Ei und Petersilie und schmecken Sie mit Salz und Pfeffer ab. Formen Sie das Ganze dann zu Pattys und braten Sie diese in etwas Öl an. Löschen Sie dann fast am Ende der Garzeit mit Wein ab und lassen Sie diesen verdunsten. Fügen Sie die Tomatensauce hinzu und lassen Sie es 20 Minuten kochen.

2 Schneiden Sie die Auberginen in Scheiben, bestreuen Sie sie mit Salz und lassen Sie sie ruhen, damit sie ihre Flüssigkeit verlieren. Lassen Sie sie dann nach fast einer Stunde abtropfen und trocknen Sie sie mit Papiertüchern ab. Braten Sie sie anschließend und lassen Sie sie auf Papiertüchern abtropfen.

3 Kochen Sie die Nudeln in Salzwasser. Lassen Sie sie anschließend abtropfen und würzen Sie mit 750 ml Tomatensauce und 50 g Schafskäse.

4 Beginnen Sie mit der Schichtung der Nudeln, indem Sie einen Teil der Nudeln in eine Auflaufform legen, dann ein Teil von den Fleischbällchen mit der gesamten Kochsauce, Auberginenscheiben, gewürfelter Caciocavallo und Mortadella oder Salami, Scheiben von hartgekochtem Ei, Schafskäse und Basilikum. Wiederholen Sie den Vorgang, bis eine letzte Schicht nur aus Nudeln besteht. Bestreuen Sie zum Schluss mit reichlich Pecorino-Käse.

5 Backen Sie das Ganze im vorgeheizten Backofen bei 200 °C (Ober-/Unterhitze) ca. 20 Minuten. Der Auflauf ist fertig, wenn sich auf der Oberfläche eine knusprige Schicht bildet und der Schafskäse geschmolzen ist.

Tipp: Wenn Sie sichergehen möchten, dass Sie eine einladende Kruste auf der Oberfläche bekommen, stellen Sie den Ofen die letzten 5 – 6 Minuten auf Grillfunktion.

SCIUSCIEDDU SICILIANO – HACKBÄLLCHEN MIT RICOTTA-SOSSE

6 Port. | 1 Std. 45 Min. | Leicht

Zutaten

400 g Kalbshack
400 g Ricotta
30 g Sultaninen
7 Eier
2 Knoblauchzehen
1½ l Gemüsebrühe

Nach Belieben:
Pecorino
Parmesan
Paniermehl
Petersilie
Muskatnuss
Zimt
Salz, Pfeffer

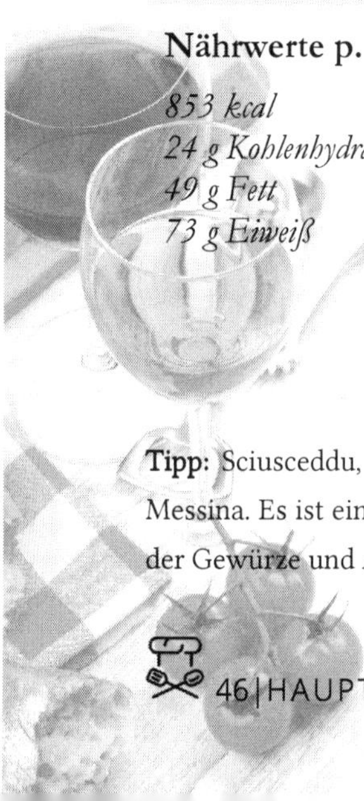

Nährwerte p. P.

853 kcal
24 g Kohlenhydrate
49 g Fett
73 g Eiweiß

1 Für die Hackbällchen: Geben Sie das Hackfleisch mit 2 Eiern, 4 EL Paniermehl, 1 EL Pecorino, 1 EL Parmesan, 1 Knoblauchzehe und 1 EL gehackter Petersilie sowie einer Prise Zimt und Muskatnuss in eine Schüssel. Würzen Sie mit Salz und Pfeffer und verrühren Sie alles zu einer homogenen Masse.

2 Formen Sie daraus walnussgroße Kugeln und blanchieren Sie diese in der kochenden Brühe. Lassen Sie sie abkühlen und abtropfen. Weichen Sie die Sultaninen in warmem Wasser ein, lassen Sie sie abtropfen und pressen Sie sie aus.

3 Für die Eiermasse: Trennen Sie das Eigelb vom Eiweiß der übrigen Eier. Verquirlen Sie die Eigelbe in einer Schüssel und geben Sie den gesiebten Ricotta, die Sultaninen, die restliche gehackte Knoblauchzehe, 1 EL gehackte Petersilie, 3 EL geriebenen Parmesankäse, 3 EL geriebenen Pecorino-Käse, Salz und Pfeffer dazu. Schlagen Sie das Eiweiß mit einem elektrischen Schneebesen auf und heben Sie es mit Bewegungen von unten nach oben unter die Masse.

4 Gießen Sie 1 l der Brühe, in der Sie die Fleischbällchen gekocht haben, über die Ricotta-Ei-Mischung und rühren Sie langsam mit einem Holzlöffel um. Geben Sie die Fleischbällchen in eine Auflaufform, in der sie in einer einzigen Schicht liegen können, und gießen Sie die vorbereitete Mischung mit einer Kelle darüber. Stellen Sie die Form für 20 - 25 Minuten in den auf 180 °C (Ober-/Unterhitze) vorgeheizten Backofen.

Tipp: Sciusceddu, auch Ciuscello genannt, ist ein typisches Gericht aus der Stadt Messina. Es ist ein sehr spezielles, jedoch äußerst schmackhaftes Gericht, auch dank der Gewürze und Aromen, das traditionell zu Ostern zubereitet wird.

BRACIOLINE ALLA PALERMITANA –

ROULADEN AUF PALERMITANISCHE ART

12 Port. 45 Min. Leicht

Zutaten

1500 g Kalbshüftfleisch, in dünne Scheiben geschnitten
500 g Paniermehl
120 g Pecorino
120 g Parmesan
120 g Kochschinken
300 g passierte Tomaten
240 ml Olivenöl
2 Bund Petersilie
2 rote Zwiebel
24 Lorbeerblätter
Salz, Pfeffer

Nährwerte p. P.

3330 kcal
194 g Kohlenhydrate
179 g Fett
225 g Eiweiß

1 Legen Sie die Fleischscheiben auf ein Schneidebrett und halbieren Sie sie, sodass vier dreieckige Scheiben entstehen.

2 Für die Füllung: Vermengen Sie 300 g Paniermehl, fein gehackten gekochten Schinken, fein gewürfelten gepfefferten Schafskäse, geriebenen Parmesan, fein gehackte Petersilie, passierte Tomaten und Öl.

3 Rühren Sie gut, bis alles vermischt und ausreichend feucht ist. Schmecken Sie mit Salz ab.

4 Legen Sie die Fleischscheibe mit der großen Basis des Dreiecks zu Ihnen hin und geben Sie ein kleines Quadrat der Füllung in die Mitte, ca. einen Löffel. Falten Sie die seitlichen Laschen zur Mitte hin, um die Füllung aufzunehmen.

5 Schälen und schneiden Sie die Zwiebeln in Stücke, die so breit wie die Rouladen sind, blanchieren Sie sie dann in heißem Salzwasser ca. drei Minuten.

6 Stecken Sie die Rouladen auf 16 Spieße und verwenden Sie dabei abwechselnd die frisch blanchierten Zwiebeln und halbierten Lorbeerblätter. Drücken Sie die Rouladen gut zusammen. Tauchen Sie die Spieße in natives Olivenöl und dann in das Paniermehl.

7 Rösten Sie die Rouladen auf dem Grill oder im Backofen im Grillmodus bei 200 °C, bis das Paniermehl auf beiden Seiten goldbraun ist.

SFINCIONE – SIZILIANISCHE PIZZA

8 Port. | 1 Std. 5 Min. | Leicht

Zutaten

Für den Teig:
500 g Mehl, Type 00
500 g Mehl, Type 0
600 ml Wasser (lauwarm)
80 ml extranatives Olivenöl
2 EL Honig
8 g Hefe, trocken
20 g Salz

Für den Belag:
800 g Tomaten, passiert
4 Zwiebeln
160 g Caciocavallo (oder Provolone)
4 EL Paniermehl
Olivenöl
1 Msp. Zucker
Salz, Pfeffer
Oregano

Nährwerte p. P.

3330 kcal
194 g Kohlenhydrate
179 g Fett
225 g Eiweiß

1 Vermischen Sie zunächst die beiden Mehle in einer Schüssel, fügen Sie dann die Hefe hinzu und vermengen Sie alles gut miteinander. Fügen Sie dann den Honig, das Öl und das lauwarme Wasser hinzu. Arbeiten Sie nun mit den Knethaken Ihrer Knetmaschine und, wenn der Teig ausreichend kompakt und weich erscheint, fügen Sie das Salz hinzu. Kneten Sie weiter, bis der Teig gut mit den Knethaken verbunden ist.

2 Nach dem Kneten geben Sie den Teig auf ein Backbrett, formen diesen zu einer Kugel und geben ihn in eine große Schüssel. Decken Sie ihn mit Frischhaltefolie ab und lassen Sie ihn an einem geschützten Ort gehen, bis er sein Volumen verdoppelt hat.

3 In der Zwischenzeit bereiten Sie den Belag vor: Schälen Sie die Zwiebeln und schneiden Sie sie in Scheiben. Erhitzen Sie etwas Öl, fügen Sie die Zwiebeln hinzu und braten Sie diese fünf Minuten lang, ohne sie zu verbrennen. Geben Sie ein halbes Glas Wasser hinzu und kochen Sie das Ganze ca. zehn Minuten weiter, ohne sie zu sehr austrocknen zu lassen. Fügen Sie die passierten Tomaten, Zucker, Salz und Pfeffer hinzu und kochen Sie alles weitere zehn Minuten, bis die Soße ziemlich trocken ist, jedoch nicht austrocknet.

4 Wenn der Teig fertig ist, geben Sie ihn auf ein gefettetes Backblech und verteilen ihn mit den Händen. Versuchen Sie dabei die Fingerspitzen zu benutzen, um ihn nicht zu sehr zu zerdrücken. Lassen Sie ihn 40 Minuten ruhen, breiten Sie ihn etwas mehr aus und geben Sie die Tomatensoße darauf. Verteilen Sie anschließend den Provolone-Käse und das Paniermehl darauf und backen Sie ihn im vorgeheizten Backofen bei 200 °C (Ober-/Unterhitze) 15 Minuten, dann bei 180 °C weitere 15 Minuten.

Tipp: Für einen intensiveren Geschmack, können Sie Sardellen in Öl eingelegt hinzugeben. Um den Teig noch leichter und bekömmlicher zu machen, können Sie ihn über Nacht im Kühlschrank gehen lassen. Am nächsten Tag können Sie ihn dann aus dem Kühlschrank nehmen und vor dem Backen mindestens zwei Stunden lang bei Raumtemperatur lagern.

CONIGLIO ALLÁGRODOLCE – KANNINCHEN SÜSS-SAUER

6 Port. | 1,5 Std. | Mittel

Zutaten

800 g Kaninchen, in Stücke
etwas Zwiebel, Karotte und Sellerie
1 Glas Rotwein
2 EL Weinessig
1 TL Zucker
4 EL Olivenöl
30 grüne Oliven, entkernt
2 Lorbeerblätter
2 EL Kapern
etwas Gemüsebrühe
Salz, Pfeffer
etwas Mehl

Nährwerte p. P.

885 kcal
7 g Kohlenhydrate
50 g Fett
85 g Eiweiß

1 Waschen Sie das Kaninchen und trocknen Sie es mit Küchenpapier ab. Schneiden Sie es anschließend in Stücke und spülen Sie es in Essig ab. Schneiden Sie die Zwiebel und den Sellerie in dünne Scheiben und die Möhre in Ringe.

2 Waschen und entsalzen Sie die Kapern. Bestreuen Sie die Kaninchenteile mit Mehl und braten Sie sie in einer Pfanne mit etwas Öl bei mittlerer Hitze ein paar Minuten an.

3 Wenn das Fleisch eine goldene Farbe angenommen hat, löschen Sie es mit dem Wein ab und salzen es. Kochen Sie weiter, bis der Wein vollständig verdampft ist. Nehmen Sie das Kaninchen heraus und halten Sie es warm.

4 Geben Sie in dieselbe Pfanne einen weiteren Esslöffel Olivenöl und die Karotten-Zwiebel-Sellerie-Mischung. Sobald das Gemüse weich ist, geben Sie die Oliven hinzu. Wenn das Gemüse gar ist (ca. 15 Minuten), nehmen Sie das Kaninchen heraus und geben es zurück in die Pfanne. Löschen Sie mit Essig ab und fügen Sie etwas Pfeffer, Zucker und Lorbeerblätter hinzu.

5 Nun reduzieren Sie die Hitze und lassen das Kaninchen ca. eine Stunde lang kochen, rühren Sie dabei gelegentlich um. Wenn Sie merken sollten, dass das Fleisch zu trocken ist, geben Sie etwas Brühe hinzu. Am Ende der Kochzeit fügen Sie etwas Salz hinzu, wenn Sie es für nötig halten.

Tipp: Das Kaninchen in süß-saurer Soße ist ein traditionelles sizilianisches Gericht, insbesondere aus der Stadt Gela. Kaninchen gilt, obwohl das Tier klein ist, als rot und ist damit dem Rindfleisch gleichgestellt. Andererseits sind seine ernährungsphysiologischen Eigenschaften dem Fleisch von Huhn oder Geflügel ähnlicher. Das Kaninchen hat auf jeden Fall einen sehr guten Eiweißgehalt.

CAPRETTO AL FORNO – ZIEGE IM OFEN

2 Port. | 1 Std. 50 Min. | Mittel

Zutaten

1 ½ kg Ziege
800 g Kartoffeln
2 Bund Frühlingszwiebeln
2 Knoblauchzehen
3 Rosmarinzweige
2 Zitronen
2 Gläser Weißwein
ein paar Lorbeerblätter
Olivenöl
Salz, Pfeffer

Nährwerte p. P.

130 kcal
5 g Kohlenhydrate
7 g Fett
9 g Eiweiß

1 Einen Tag vor der Zubereitung befreien Sie das Fleisch vom Fett und schneiden es in relativ große Stücke. Marinieren Sie diese in einer Schüssel mit einem Glas Wein, dem Saft von zwei Zitronen, einer Knoblauchzehe, einem Zweig Rosmarin und den Lorbeerblättern. Wenden Sie die Fleischstücke gut, decken Sie sie mit Frischhaltefolie ab und stellen Sie sie in den Kühlschrank.

2 Am nächsten Tag waschen Sie die Frühlingszwiebeln und entfernen die harten äußeren Blätter. Schneiden Sie die Zwiebeln anschließend in grobe Stücke. Schälen Sie die Kartoffeln und schneiden Sie sie ebenfalls in ziemlich große Stücke.

3 Geben Sie die Kartoffeln und Zwiebeln in eine Schüssel mit Öl, Rosmarin, einer Knoblauchzehe, einer Prise Salz und einer Prise Pfeffer. Rühren Sie um und lassen Sie das Ganze 30 Minuten lang ziehen.

4 Nehmen Sie die Schüssel aus dem Kühlschrank und gießen Sie die Marinadenflüssigkeit weg. Tupfen Sie das Fleisch mit Papiertüchern ab, nachdem Sie es in eine Schüssel gelegt haben, mit Öl, Rosmarin, Salz und Pfeffer eine halbe Stunde lang nochmals mariniert haben. Geben Sie es dann in eine gefettete Auflaufform.

5 Belegen Sie es mit den gewürzten Kartoffeln und Zwiebeln und beträufeln Sie das Ganze mit dem zweiten Glas Weißwein.

6 Fügen Sie noch zwei Rosmarinzweige und einige Lorbeerblätter hinzu und backen Sie das Ganze im vorgeheizten Backofen bei 250 °C (Ober-/Unterhitze) eine Stunde lang. Wenden Sie es ab und an vorsichtig, damit es gleichmäßig gegart werden kann.

Tipp: Wenn Sie das Gericht etwas ergänzen möchten, können Sie etwas gegrilltes Gemüse dazu servieren.

COSTATE DI MAIALE RIPIENE –
GEFÜLLTE SCHWEINERIPPCHEN

2 Port. | 1 Std. 15 Min. | Mittel

Zutaten

3 Schweinerippchen
100 g Schweinehack
100 g Schweineleber
25 g Salami
50 g Caciocavallo (oder Provolone)
1 Ei
½ l Gemüsebrühe
½ Zwiebel
½ Glas Rotwein, trocken
Olivenöl
Salz, Pfeffer

Nährwerte p. P.

519 kcal
4 g Kohlenhydrate
30 g Fett
50 g Eiweiß

1 Schlagen Sie die Schweinerippchen wie ein Buch auf, ohne den Knochen zu entfernen.

2 Vermischen Sie in einer Schüssel das Schweinehackfleisch, die gehackte Leber, Salz, reichlich schwarzen Pfeffer und einen Spritzer Rotwein. Geben Sie je einen Löffel der Mischung zwischen die beiden Seiten der Rippchen, zusammen mit dem Käse, dem Ei und der in Scheiben geschnittenen Salami.

3 Schließen Sie die Koteletts und schnüren Sie sie zu, damit die Füllung nicht herausläuft.

4 Braten Sie die geriebene Zwiebel in einer Pfanne mit Öl an. Wenn sie goldbraun ist, geben Sie die Rippchen hinzu, bedecken sie mit Brühe und löschen sie mit Wein ab. Lassen Sie alles ca. eine Stunde lang kochen.

Tipp: Es wird empfohlen, das Gericht mit Reis zu servieren, der mit Bratensaft gewürzt ist.

GALLINA CON IL RISO –
HUHN MIT REIS

4 Port. | 1 Std. 10 Min. | Leicht

Zutaten

1 Hähnchen
1 Zwiebel
1 Staudensellerie
2 Knoblauchzehen
100 g Tomaten, passiert
1 EL Tomatenmark
2 l Hühnerbrühe
450 g Carnaroli-Reis
6 EL Olivenöl
Petersilie
Salz, Pfeffer

Nährwerte p. P.

3254 kcal
183 g Kohlenhydrate
197 g Fett
181 g Eiweiß

1 Schneiden Sie das Hähnchen in mehrere Stücke und entfernen Sie die überschüssige Haut. Hacken Sie die Zwiebel, den Sellerie, den Knoblauch sowie die Petersilie und dünsten Sie es in einer Pfanne mit dem Olivenöl an. Geben Sie das Hähnchen in Stücken hinzu, erhöhen Sie die Hitze, braten Sie alles an und lassen Sie es für zehn Minuten kochen. Geben Sie die Tomaten und das Tomatenmark hinzu, salzen und pfeffern Sie und lassen Sie alles zugedeckt 30 Minuten kochen.

2 Wenn das Hähnchen gut durch ist, nehmen Sie es aus der Soße heraus und halten es mit etwas Soße bedeckt warm.

3 Geben Sie den Reis in den Topf mit der Soße und kochen Sie diesen unter Zugabe der Brühe. Sobald er gar ist, servieren Sie ihn auf einzelnen Tellern und richten das Hähnchen in der Mitte an.

Tipp: Carnaroli-Reis ist der König unter der Reissorten in Italien. Die Eigenschaften dieser Reissorte sind ideal für fast jede Art der Zubereitung, wie Risotto und andere regionalen Spezialitäten. Diesen Reis finden Sie zwar nicht so einfach im Supermarkt, im Internet ist dieser jedoch einfach zu bestellen.

VITELLO ALLA PIZZAIOLA – KALB AUF „PIZZA-ART“

8 Port. | 35 Min. | Mittel

Zutaten

1 kg Kalbsschnitzel
600 g passierte Tomaten
400 g Mozzarella
300 g Datteltomaten
100 ml Olivenöl
2 Knoblauchzehen
20 Basilikumblätter
Salz, Pfeffer
Oregano

Nährwerte p. P.

214 kcal
0 g Kohlenhydrate
12 g Fett
50 g Eiweiß

1 Zerkleinern Sie zunächst den Mozzarella und lassen Sie diesen in einem Sieb, welches Sie in eine Schüssel hängen, ca. eine Stunde lang im Kühlschrank abtropfen.

2 Halbieren Sie in der Zwischenzeit die gewaschenen Tomaten der Länge nach und braten Sie sie in einer Pfanne mit Öl und Knoblauch an. Sobald sie geschrumpft sind, geben Sie die passierten Tomaten hinzu, salzen das Ganze leicht, fügen eine Prise getrockneten Oregano hinzu und lassen alles zugedeckt bei schwacher Hitze zehn Minuten köcheln.

3 Geben Sie nun das Fleisch hinzu und lassen Sie alles fünf Minuten kochen, damit die Sauce eindickt. Schmecken Sie dann mit Salz und Pfeffer ab.

4 Geben Sie etwas gehackten Mozzarella auf jede Scheibe, schließen Sie den Deckel und garen Sie das Ganze für weitere fünf Minuten, bis der Mozzarella geschmolzen ist. Richten Sie die Kalbsschnitzel auf Servietellern an, geben Sie das Basilikum darüber und servieren Sie es.

Tipp: Wenn Sie möchten, können Sie das Gericht mit Kapern verfeinern und, um diesem eine pikante Note zu verleihen, eine Prise Chili dazugeben. Sie können auch etwas Brot toasten und als Unterlage für das Fleisch verwenden.

Vegetarische Hauptspeisen

POLPETTE DI MELANZANE – AUBERGINEN-BÄLLCHEN

25 Stk. 30 Min. Leicht

Zutaten

500 g Auberginen
2 Scheiben Brot
2 EL Paniermehl
3 EL Parmesan, gerieben
1 Ei
Basilikum, frisch
Salz
30 g Kochschinken
Olivenöl

Nährwerte p. P.

168 kcal
14 g Kohlenhydrate
5 g Fett
12 g Eiweiß

1 Waschen und schneiden Sie die Auberginen in große Stücke und legen Sie sie in einen Wasserkorb, eine große Pfanne mit Grill oder eine Alu-Nudelform.

2 Lassen Sie sie dann 15 Minuten zugedeckt kochen, sie sollten sehr weich sein.

3 Trocknen Sie sie anschließend mit einem Tuch und geben Sie sie zusammen mit den Semmelbröseln, dem Ei, Salz, Parmesan-Käse, zerkleinertem Brot und Basilikum in eine Schüssel.

4 Formen Sie die Bällchen mit Hilfe eines Löffels. Legen Sie 1 - 2 Stücke Schinken hinein. Rollen Sie das Ganze mit den Händen zu einer Kugel und tauchen Sie diese in Paniermehl.

5 Legen Sie die Bällchen auf ein Backblech, welches Sie mit Backpapier ausgelegt haben, und beträufeln Sie alle mit etwas Öl. Backen Sie die Bällchen im heißen Ofen bei 180 °C (Ober-/ Unterhitze) 20 Minuten lang. Schalten Sie in den letzten zwei Minuten die Grill-Funktion an.

Tipp: Sie können die Bällchen roh im Kühlschrank aufbewahren und etwa drei Tage lang küchenfertig lassen. Sie können sie jedoch auch einfrieren, zunächst in Schalen und, wenn sie fest geworden sind, können Sie sie in Plastiktüten einpacken. Nach dem Kochen können Sie sie innerhalb eines Tages verzehren.

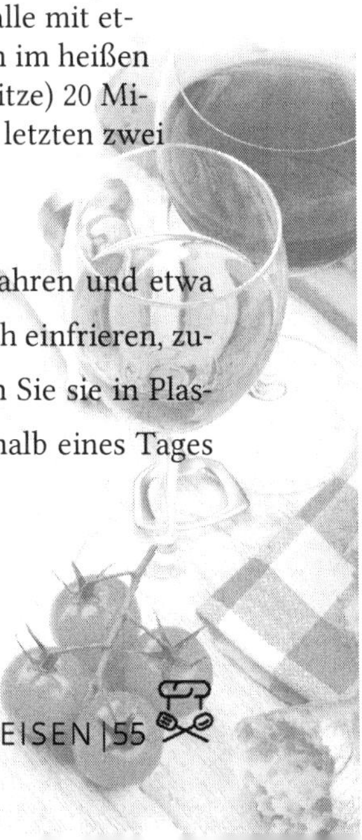

FUNGHI RIPIENI – GEFÜLLTE PILZE

2 Port. | 1 Std. 5 Min. | Mittel

Zutaten

4 Champignons, mittelgroß
1 Knoblauchzehe
etwas Petersilie
Brot
Salz, Pfeffer
Nach Belieben Paniermehl
Parmesan
Olivenöl

Nährwerte p. P.

216 kcal
2 g Kohlenhydrate
19 g Fett
8 g Eiweiß

1 Reinigen Sie die Pilze, indem Sie sie mit Küchenpapier abreiben. Entfernen Sie die Stiele und kratzen Sie die Pilze mit einem Messer ab.

2 Schneiden Sie alle Stängel klein und würzen Sie sie mit Salz, Pfeffer, Knoblauch und Olivenöl. Es muss eine grobe Paste entstehen, zu der Sie Paniermehl hinzufügen.

3 Füllen Sie die Pilzköpfe mit der Mischung und bestreuen Sie sie mit Käse und Paniermehl.

4 Fügen Sie anschließend einen Spritzer Olivenöl hinzu und backen Sie die Pilze in einer Auflaufform im vorgeheizten Backofen (Ober-/Unterhitze) bei 180 °C zehn Minuten lang.

PASTA CON ZUCCHINE E PECORINO – PASTA MIT ZUCCHINI UND PECORINO-KÄSE

2 Port. | 55 Min. | Mittel

Zutaten

150 g Pasta
250 g Zucchini
½ Zwiebel
½ Glas Weißwein
Butter
Pecorino-Käse, gerieben
Olivenöl
Gemüsebrühe
Salz, Pfeffer

Nährwerte p. P.

255 kcal
41 g Kohlenhydrate
2 g Fett
10 g Eiweiß

1 Hacken Sie die Zwiebel fein, schneiden Sie die Zucchini in Stücke und braten Sie beides in Butter an.

2 Gießen Sie den Weißwein hinzu, lassen Sie diesen verdunsten und gießen Sie so viel Brühe hinzu, dass die Nudeln darin garen können. Schmecken Sie mit Salz und Pfeffer ab.

3 Kochen Sie die Zutaten anschließend zehn Minuten lang und fügen Sie mehr Brühe hinzu, falls es zu trocken wird. Kochen Sie anschließend die Nudeln in der Soße, bis die Flüssigkeit vollständig aufgesaugt wurde.

4 Geben Sie nun etwas Butter hinzu und vermischen Sie alles gut. Geben Sie das Ganze in einen Suppenteller und bestreuen Sie es mit reichlich Pecorino-Käse.

Tipp: Zu diesem Gericht passt ein Glas Contea di Sclafani Grecanico. Es handelt sich hierbei um einen stillen Wein von strohgelber Farbe mit fruchtigem Aroma, der gleichzeitig fein und trocken ist.

RISOTTO CON LE FMELANZANE –

RISOTTO MIT AUBERGINE

8 Port. 1 Std. Leicht

Zutaten

640 g Arborio-Reis
500 g Auberginen
2 l Gemüsebrühe
1 Schalotte
60 ml Olivenöl
100 g Butter
Weißwein
2 Zweige Thymian
Salz, Pfeffer

Nährwerte p. P.

255 kcal
41 g Kohlenhydrate
2 g Fett
10 g Eiweiß

1 Bereiten Sie zunächst die Gemüsebrühe zu. Nutzen Sie dafür frisches Gemüse.

2 Hacken Sie die Schalotte fein und braten Sie diese glasig an. Schneiden Sie die Auberginen in Würfel und geben Sie diese hinzu. Zum Schluss geben Sie den Reis hinein. Rösten Sie den Reis ein paar Minuten mit an und löschen Sie mit etwas Weißwein ab.

3 Sobald der Alkohol verdampft ist, geben Sie einige Kellen kochende Brühe hinzu und rühren gut um. Bringen Sie den Reis zum Kochen und lassen Sie ihn etwa 20 - 25 Minuten auf dem Herd. Würzen Sie mit Salz und Pfeffer.

4 Schalten Sie den Herd ab und rühren Sie ein Stückchen Butter ein. Würzen Sie mit dem gehackten Thymian und servieren Sie es.

Tipp: Für einen kräftigeren Geschmack können Sie geriebenen Parmesankäse hinzufügen. Was den Reis betrifft, können Sie auch ganz normalen Risotto-Reis nehmen. Arborio ist ein Mittelkornreis der Kategorie Superfino, der nach der piemontesischen Stadt Arborio benannt wurde, in deren Umgebung seine Hauptanbaugebiete liegen. Er ist besonders zur Zubereitung von Risotto geeignet. Sie können den Reis im Internet bestellen.

MINESTRA DI CAVOLO E FAGIOLI –
KOHL- UND BOHNENSUPPE

8 Port. | 6 Std. 40 Min. | Leicht

Zutaten

2 Weißkohle
1000 g frische, weiße Bohnen
2 l Hühnerbrühe
200 g Pecorino-Käse, gerieben
2 Zwiebeln
Olivenöl
Salz, Pfeffer
Pecorino-Käse, gerieben (zum Garnieren)

Nährwerte p. P.

87 kcal
9 g Kohlenhydrate
2 g Fett
6 g Eiweiß

1 Nehmen Sie einen Behälter mit Wasser und weichen Sie die Bohnen mindestens zwölf Stunden lang ein, damit sie weich werden.

2 Nach dieser Zeit gießen Sie sie ab und kochen sie in einem Topf mit der Hühnerbrühe zwei Stunden. Wenn die Masse zu dick wird, fügen Sie Wasser hinzu.

3 Schneiden Sie den Kohl in Streifen, waschen Sie ihn und blanchieren Sie ihn nach dem Aufkochen etwa fünf Minuten lang in Salzwasser.

4 Braten Sie in einem Topf die Zwiebel an, geben Sie die Bohnen dazu und dünsten Sie das Ganze fünf Minuten lang. Geben Sie den Kohl dazu, würzen Sie mit Salz und Pfeffer und garen Sie alles fertig,

5 Schalten Sie den Herd aus und würzen Sie die Suppe mit Pecorino-Käse.

LASAGNE BIANCHE AI FUNGHI –

WEISSE LASAGNE MIT PILZEN

8 Port. | 1 Std. 20 Min. | Leicht

Zutaten

500 g Lasagneblätter, Eierteig
1200 g frische Pilze, gemischt
1 l Béchamelsauce
2 Schalotten
Parmesan, gerieben
1 Glas Weißwein, trocken
Salz, Pfeffer
Thymian, frisch
3 - 4 EL Olivenöl

Nährwerte p. P.

1580 kcal
219 g Kohlenhydrate
41 g Fett
59 g Eiweiß

1 Braten Sie zunächst die gehackten Schalotten mit 3 - 4 EL Olivenöl an. Wenn Sie glasig geworden sind, löschen Sie mit Weißwein ab und lassen diesen verdampfen.

2 Geben Sie die geputzten und in Scheiben geschnittenen Pilze dazu, würzen Sie mit Salz und Pfeffer und garen Sie das Ganze bei mittlerer Hitze und zugedecktem Topf ca. 20 Minuten. In der Zwischenzeit bereiten Sie die Béchamelsauce nach dem Grundrezept zu.

3 Fetten Sie eine Auflaufform ein und bedecken Sie den Boden mit einigen Löffeln Béchamelsauce. Legen Sie eine Schicht Eierlasagneblätter darauf und bedecken Sie mit mehr Bechamelsauce.

4 Verteilen Sie die Masse so, dass sie bis zum Rand des Teigs reicht, geben Sie dann etwas von den Pilzen darüber und bestreuen Sie es mit reichlich Parmesankäse. Legen Sie eine weitere Schicht Blätter übereinander und wechseln Sie die Schichten auf gleiche Weise ab, bis Sie alle Zutaten aufgebraucht haben.

5 Enden Sie mit den Pilzen und dem geriebenen Parmesan. Schieben Sie das Ganze in den auf 180 °C (Ober-/Unterhitze) vorgeheizten Backofen und backen Sie es für 30 - 35 Minuten, bis der Käse geschmolzen ist und sich eine leichte Kruste gebildet hat. Nehmen Sie die Lasagne anschließend heraus, garnieren Sie mit frischem Thymian und lassen Sie sie mindestens fünf Minuten vor dem Servieren ruhen.

Tipp: In Italien wird solch eine Art von Lasagne „Lasagna bianca“ genannt. Grund dafür ist, dass diese ohne Tomatensauce zubereitet wird. Dasselbe gilt auch für Pizzen ohne Tomatensauce.

BARCHETTE DI MELANZANE IN PADELLA - AUBERGINEN-SCHIFFCHEN

8 Port. | 50 Min. | Leicht

Zutaten

8 Auberginen
200 g Caciocavallo-Käse
400 g Kirschtomaten
Salz, Pfeffer
Olivenöl
Oregano
frisches Basilikum

Nährwerte p. P.

788 kcal
56 g Kohlenhydrate
29 g Fett
50 g Eiweiß

1 Waschen Sie die Auberginen und halbieren Sie sie. Schneiden Sie dann mit einem scharfen Messer das Fruchtfleisch wabenförmig ein. Dieser Schritt ermöglicht, dass die Auberginen garen und dass die Sauce in das Herz der Aubergine gelangen kann.

2 Geben Sie Öl und Salz in eine Schüssel und bestreichen Sie die Oberfläche der Auberginen damit. Geben Sie sie dann in eine Pfanne mit etwas Öl. Kochen Sie sie bei starker Hitze 3 - 4 Minuten. Decken Sie dann die Pfanne mit dem Deckel ab und kochen Sie bei mittlerer Hitze weitere fünf Minuten.

3 Waschen Sie die Tomaten und halbieren Sie sie. Geben Sie sie zu den Auberginen, salzen sie leicht und kochen sie weitere fünf Minuten bei geschlossenem Deckel. Wenn die Tomaten leicht zusammengeschrumpft sind, wenden Sie die Auberginen und braten Sie sie auf der Fleischseite bei mittlerer Hitze goldbraun. Wenden Sie sie erneut und verteilen Sie die Tomaten mit einem Löffel darauf. Garen Sie die Schiffchen in der zugedeckten Pfanne bei schwacher Hitze weiter.

4 Würfeln Sie den Käse und wenn die Auberginen weich sind, verteilen Sie diesen darüber. Decken Sie sie einige Minuten zu. Wenn der Käse geschmolzen ist, schalten Sie den Herd ab und würzen die Schiffchen mit Oregano und einem Basilikumblatt.

POLPETTE DI ZUCCA E RICOTTA – RICOTTA-KÜRBIS-BÄLLCHEN

16 Port. | 50 Min. | Leicht

Zutaten

500 g Kürbis
500 g Ricotta
2 Eier
Parmesan
100 g Paniermehl
Salz

Nährwerte p. P.

838 kcal
83 g Kohlenhydrate
39 g Fett
33 g Eiweiß

1 Schneiden Sie den Kürbis auf, entfernen Sie vorsichtig die Kerne aus dem Inneren und backen Sie den Kürbis bei 180 °C (Ober-/Unterhitze) 20 Minuten lang.

2 Schälen Sie ihn nach dem Garen und zerdrücken Sie ihn mit einer Gabel in einer Schüssel.

3 Fügen Sie den Ricotta hinzu und vermischen Sie die beiden Zutaten gut. Fügen Sie dann die Eier und das Paniermehl und Salz hinzu und vermischen Sie alles gründlich.

4 Formen Sie mit den Händen 16 Bällchen und tauchen Sie sie in etwas Paniermehl. Backen Sie sie anschließend bei 180 °C (Ober-/Unterhitze) 15 Minuten. Wenden Sie die Bällchen nach der Hälfte der Garzeit.

GNOCCHI DI RICOTTA –
RICOTTA-GNOCCHI

4 – 5 Port. | 50 Min. | Leicht

Zutaten

500 g frischer Ricotta-Käse
300 g Mehl, Type 00
4 EL Grana-Käse
2 Eier
etwas Salz

Nährwerte p. P.

1033 kcal
119 g Kohlenhydrate
41 g Fett
42 g Eiweiß

1 Lassen Sie den Ricotta-Käse zunächst in einem Baumwolltuch abtropfen.

2 Geben Sie ihn anschließend in eine Schüssel und vermischen Sie ihn mit den Eiern, Parmesan und Salz, bis eine dicke Creme entsteht. Fügen Sie dann das Mehl hinzu.

3 Mischen Sie das Ganze einige Sekunden lang, bis sich ein weicher Teig gebildet hat. Formen Sie diesen dann zu einer Kugel. Schneiden Sie aus dem Teig Stränge.

4 Rollen Sie jeden Strang mit Hilfe von etwas Mehl ein. Die Dicke des Strangs sollte ca. einen Zentimeter betragen.

5 Schneiden Sie die Gnocchi in 2 cm dicke Scheiben, Sie können sie glatt lassen, sie mit einer Gabel oder einem speziellen Gnocchi-Wickler auslegen.

6 Legen Sie die Gnocchi während der Zubereitung auf eine leicht bemehlte Arbeitsfläche. Lassen Sie sie 30 Minuten lang an der Luft trocknen.

7 Kochen Sie die Gnocchi in reichlich kochendem Salzwasser. Sie sind fertig, wenn sie an die Oberfläche kommen. Dies dauert meistens höchstens zwei Minuten. Nehmen Sie sie mit einem Lochschöpfer heraus und geben Sie sie direkt in die Pfanne mit der Sauce Ihrer Wahl.

Tipp: Die bissfesten und schmackhaften Gnocchi ohne Kartoffeln sind perfekt zu allen Saucen! Von der klassischen Tomatensoße über Käsesoße bis hin zu einem einfachen Pfannengericht mit Butter und Salbei. Probieren Sie also alles aus!

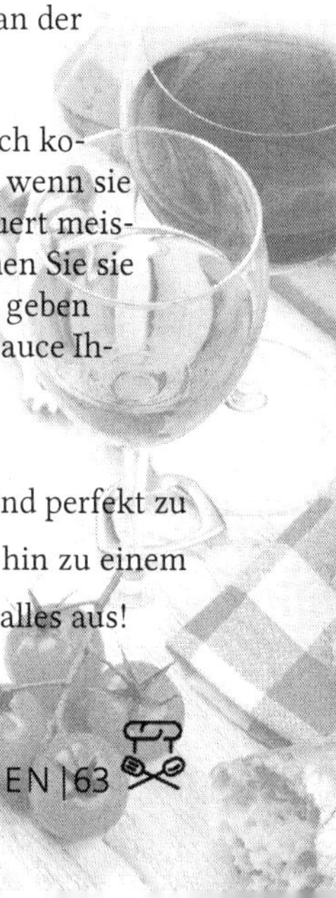

CROSTATA DI VERDURE IN AGRODOLCE – GEMÜSETÖRTCHEN SÜSS-SAUER

6 Port. | 1 Std. 20 Min. | Leicht

Zutaten

Für die Base:
250 g Mehl, Type 00
eine Prise Salz
1 EL Apfelessig (oder Weißwein)
230 g kalte Butter
kaltes Wasser, so viel wie nötig (ca. 160 - 200 ml)
etwas Eigelb und Milch (oder nur Milch)

Für die Füllung:
4 Auberginen
4 Zucchini
16 - 20 Tomaten
2 Kartoffeln
2 rote Zwiebeln
2 rote Paprika
Olivenöl
Salz, Pfeffer
30 g Zucker
50 ml Apfelessig
frisches Basilikum

Nährwerte p. P.

420 kcal
6 g Kohlenhydrate
42 g Fett
1 g Eiweiß

1 Geben Sie das Mehl auf Ihre Arbeitsfläche. Schneiden Sie die kalte Butter in Würfel und geben Sie diese und eine Prise Salz zum Mehl. Mischen Sie das Ganze mit den Fingerspitzen.

2 Fügen Sie Essig und so viel kaltes Wasser wie notwendig hinzu, um einen konsistenten und glatten Teig zu erreichen. Gießen Sie das Wasser langsam und kneten Sie. Wickeln Sie den Teig in Frischhaltefolie und stellen Sie diesen für mindestens eine Stunde kalt.

3 Für die Füllung: Schneiden Sie die Enden von den gewaschenen Auberginen und Zucchini ab. Schälen Sie die Kartoffeln und entfernen Sie die Haut der Zwiebeln. Schneiden Sie die Tomaten in zwei Hälften, hacken Sie die Paprika. Schneiden Sie die Zwiebeln, Kartoffeln, Auberginen und Zucchini in Würfel. Stellen Sie das Ganze zur Seite.

4 Braten Sie die Zwiebeln in Olivenöl an. Fügen Sie dann das Gemüse nach und nach hinzu, lassen Sie es fünf Minuten kochen. Fügen Sie etwas Wasser hinzu und lassen Sie das Ganze weiterhin mit Deckel bei schwacher Hitze kochen, bis das Gemüse weich ist. Würzen Sie mit Salz, Pfeffer und frischem Basilikum.

5 Schmelzen Sie den Zucker in Apfelessig. Heizen Sie den Backofen auf 180 °C (Ober-/Unterhitze) vor.

6 Fetten Sie Ihre Form mit etwas Butter ein und bestäuben Sie sie mit Mehl. Verteilen Sie die Hälfte des Teigs darauf in einer etwa 0,5 cm dicken Schicht und kleiden Sie die Seiten der Form mit dem Teig ein. Stechen Sie den Boden mit einer Gabel ein, gießen Sie das Gemüse und die süß-sauer Soße hinein.

7 Teilen Sie den Rest des Teiges in Streifen und legen Sie diese auf das Gemüse. Versuchen Sie, die Streifen mit dem Teig an den Seiten zu verbinden. Pinseln Sie die Streifen anschließend mit der Mischung von Eigelb und Milch ein.

8 Backen Sie das Törtchen im vorgeheizten Backofen für 40 Minuten oder bis die Kruste goldbraun wird.

Tipp: Sie können das Gemüse zu diesem Törtchen variieren und nach Belieben auch mit etwas Käse bestreuen.

PEPERONATA SICILIANA CON PATATE E MELANZANE –

PEPERONI AUF SIZILIANISCHE ART MIT KARTOFFELN UND AUBERGINEN

8 Port. | 45 Min. | Leicht

Zutaten

4 Paprika
4 Auberginen
4 Zucchini
4 Kartoffeln
2 rote Zwiebeln
8 Tomaten
Olivenöl
Sonnenblumenöl
Basilikum
Salz

Nährwerte p. P.

239 kcal
40 g Kohlenhydrate
0 g Fett
9 g Eiweiß

1 Putzen Sie die Auberginen, Tomaten und Zucchini, schneiden Sie alles in nicht so kleine Stücke und legen alles in ein Sieb. Bestreuen Sie es mit etwas Salz und legen Sie einen Teller mit etwas Gewicht darauf. Lassen Sie das Gemüse so 30 Minuten lang stehen.

2 Schälen und schneiden Sie in der Zwischenzeit die Kartoffeln. Erhitzen Sie Sonnenblumenöl in einer großen Pfanne, geben Sie die Kartoffeln hinein, würzen Sie mit einer Prise Salz und braten Sie sie unter gelegentlichem Wenden. Sobald die Kartoffeln gar sind, nehmen Sie sie mit einem Schaumlöffel aus der Pfanne und stellen sie beiseite.

3 Nach Ablauf der erforderlichen Zeit spülen Sie das Gemüse gut ab und trocknen es mit einem Tuch. In der gleichen Pfanne braten Sie erst die Paprika und dann die Auberginen an, ohne Salz hinzuzufügen.

4 Braten Sie in einer separaten Pfanne die in Scheiben geschnittenen Zwiebeln in etwas Olivenöl an. Fügen Sie die kleingeschnittenen Tomaten hinzu und zerdrücken Sie sie mit einer Gabel. Kochen Sie das Ganze für 5 - 10 Minuten.

5 Geben Sie die Kartoffeln, Paprika und Auberginen in die Pfanne, rühren Sie gut um und vermischen Sie alle Zutaten. Fügen Sie reichlich gehacktes Basilikum hinzu.

Tipp: Die sizilianische Peperonata mit Kartoffeln und Auberginen ist ein gemüsereiches, jedoch sehr schmackhaftes Gericht, welches sich ideal als Beilage oder als Hauptgericht für Vegetarier eignet. Idealerweise sollte er kalt oder bei Zimmertemperatur serviert werden, weshalb es ratsam wäre, ihn mindestens einen Tag im Voraus zuzubereiten, damit sich die Aromen und der Geschmack perfekt verbinden.

INVOLTINI DI MELANZANE ALLA GRIGLIA-
GEGRILLTE AUBERGINEN-RÖLLCHEN

8 Port. 20 Min. Leicht

Zutaten

4 lange Auberginen
800 g Thunfisch, in Öl eingelegt
10 - 11 EL Mayonnaise
Kapern, in Öl eingelegt
Salz, Pfeffer
Petersilie, gehackt
Knoblauchzehe, gehackt
Olivenöl

Nährwerte p. P.

116 kcal
1 g Kohlenhydrate
5 g Fett
13 g Eiweiß

1 Schneiden Sie zunächst die Auberginen der Länge nach in Scheiben (ca. 0,5 cm).

2 Grillen Sie sie und legen Sie sie auf einen Teller, während Sie die Füllung zubereiten.

3 Vermischen Sie in einer Schüssel den abgetropften Thunfisch, Mayonnaise, Kapern, Salz und Pfeffer gut miteinander.

4 Geben Sie Öl und Petersilie in eine kleine Schüssel, verrühren Sie beides und lassen Sie es etwas ziehen.

5 Bestreichen Sie die Scheiben mit Hilfe eines kleinen Küchenpinsels von beiden Seiten mit Öl und Petersilie, füllen Sie sie einzeln und rollen Sie sie auf. Verschließen Sie sie gegebenenfalls mit einem Zahnstocher.

6 Richten Sie die gegrillten Auberginen-Röllchen auf einem Teller an und bestreuen Sie sie mit gehackter Petersilie und, falls Sie möchten, mit gehacktem Knoblauch.

Tipp: Hier wurden die Röllchen mit Thunfisch, Mayonnaise und Kapern gefüllt. Die Besonderheit dieses Rezeptes besteht jedoch darin, dass Sie die Füllung je nach Geschmack variieren können. Die Auberginen-Röllchen eignen sich auch super mit einer Füllung aus Wurst und Käsescheiben oder mit Frischkäse.

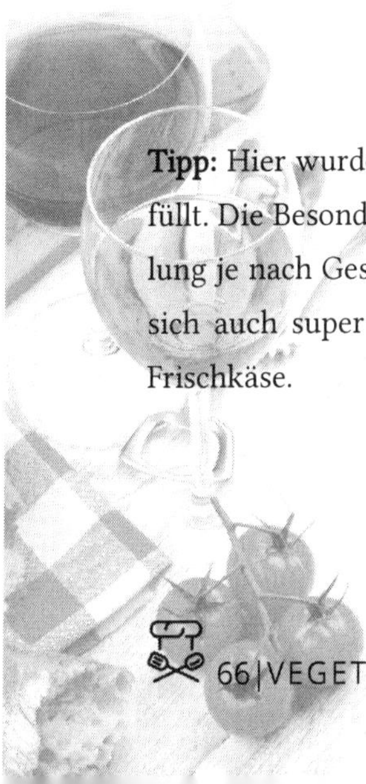

MINESTRA SICILIANA DI FAVE, PISELLI E LATTUGA –

SIZILIANISCHE BOHNEN-, ERBSEN- UND KOPFSALATSUPPE

8 Port. | 30 Min. | Leicht

Zutaten

2 Frühlingszwiebeln
1 Salatkopf
500 g geschälte, frische Saubohnen
440 g frische Erbsen
ein paar Minzblätter
Gemüsebrühe (1600 - 1700 ml)
Olivenöl
Salz, Pfeffer

Nährwerte p. P.

840 kcal
140 g Kohlenhydrate
5 g Fett
41 g Eiweiß

1 Hacken Sie die Frühlingszwiebeln fein und schneiden Sie den geputzten Salat so, als wenn Sie ihn für einen Salat verwenden würden.

2 Braten Sie die Frühlingszwiebeln in einer Pfanne mit etwas Öl an. Geben Sie dann die Saubohnen und Erbsen hinzu und lassen Sie das Ganze etwas ziehen. Gießen Sie heiße Brühe hinzu und garen Sie das Ganze 15 - 20 Minuten. Geben Sie den Salat und ein paar gehackte Minzblätter hinzu und kochen Sie für 1 - 2 Minuten weiter.

3 Schmecken Sie mit Salz und Pfeffer ab und schalten Sie den Herd aus.

4 Lassen Sie das Ganze einige Minuten ruhen und servieren Sie die Suppe mit etwas Öl und ein paar frischen Minzblättern.

PASTA CON ZUCCHINE FRITTE ALLA SICILIANA –

PASTA MIT FRITTIERTER ZUCCHINI

8 Port. | 30 Min. | Leicht

Zutaten

700 g Nudeln (Ihrer Wahl)
10 Zucchini
4 Knoblauchzehen
100 g Parmesan, gerieben
Olivenöl
Salz, Pfeffer
Chilischote

Nährwerte p. P.

1556 kcal
262 g Kohlenhydrate
18 g Fett
71 g Eiweiß

1 Waschen Sie die Zucchinis und entfernen Sie die Enden. Schneiden Sie sie dann in Scheiben.

2 Geben Sie reichlich Öl in eine große Pfanne und braten Sie den Knoblauch und die Chilischote darin an. Entfernen Sie anschließend den Knoblauch und braten Sie die Zucchinischeiben an, ohne sie stark zu bräunen.

3 Nehmen Sie die Zucchini heraus, sobald sie braun werden. Salzen Sie sie leicht und halten Sie sie warm.

4 Kochen Sie in der Zwischenzeit die Nudeln in reichlich kochendem Wasser und gießen Sie sie ab, wenn Sie bissfest sind.

5 Geben Sie die Nudeln in die Pfanne zusammen mit den Zucchini und braten Sie unter Rühren alles an, sodass das Öl den Geschmack annimmt.

6 Entfernen Sie die Chilischote und bestreuen Sie das Ganze mit frisch gemahlenem schwarzem Pfeffer. Bestreuen Sie die Nudeln mit Parmesan und servieren Sie sie.

Tipp: Hierbei handelt es sich um ein sizilianisches Gericht, das der Pasta „agil ed Folio" ähnelt. Zucchini ist ein in der sizilianischen Küche sehr verbreitetes Gemüse und ist in zahlreichen Rezepten eine der Hauptzutaten.

PARMIGIANA DI ZUCCHINE – PARMIGIANA MIT ZUCCHINI

8 Port. | 1 Std. 10 Min. | Leicht

Zutaten

900 g Zucchini
4 Knoblauchzehen
10 - 12 EL Olivenöl
4 Dosen Tomaten, gestückelt (je 400 g)
etwas Zucker
400 - 500 g Mozzarella
100 - 130 g Parmesan (frisch gerieben)
4 Stängel Basilikum
Salz, Pfeffer

Nährwerte p. P.

1825 kcal
78 g Kohlenhydrate
131 g Fett
80 g Eiweiß

1 Schneiden Sie die gewaschenen und geputzten Zucchini in ca. 0,5 cm längliche Scheiben. Legen Sie sie auf ein sauberes Küchentuch und salzen Sie sie. Lassen Sie das Wasser ziehen, tupfen Sie sie ab, drehen Sie sie um und salzen Sie sie erneut, Gehen Sie nochmals so vor.

2 Hacken Sie den Knoblauch und braten Sie diesen in einem kleinen Topf mit 2 EL Olivenöl bei mittlerer Hitze ca. eine Minute an. Geben Sie die Tomaten dazu und würzen Sie mit Salz, Pfeffer und Zucker. Lassen Sie alles aufkochen und kochen Sie die Tomatensauce bei mittlerer Hitze weitere 20 Minuten ein.

3 Braten Sie die Zucchinischeiben in einer Pfanne mit Olivenöl portionsweise von beiden Seiten goldbraun an. Heizen Sie den Backofen auf 180 °C vor. Ölen Sie eine Auflaufform ein.

4 Schneiden Sie den Mozzarella in dünne Scheiben und reiben Sie den Parmesan fein.

5 Legen Sie eine Lage Zucchini in die Form, verteilen Sie etwas Tomatensauce darauf und legen Sie eine Mozzarella-Scheibe darauf. Fahren Sie so fort, bis alle Zutaten verarbeitet sind. Schließen Sie mit Tomatensauce ab und bestreuen Sie die Schicht mit Parmesan.

6 Backen Sie das Ganze im vorgeheizten Backofen mittig bei 160 °C (Umluft) 20 Minuten.

7 Zerrupfen Sie vor dem Servieren die Basilikumblätter und streuen Sie sie auf die Parmigiana.

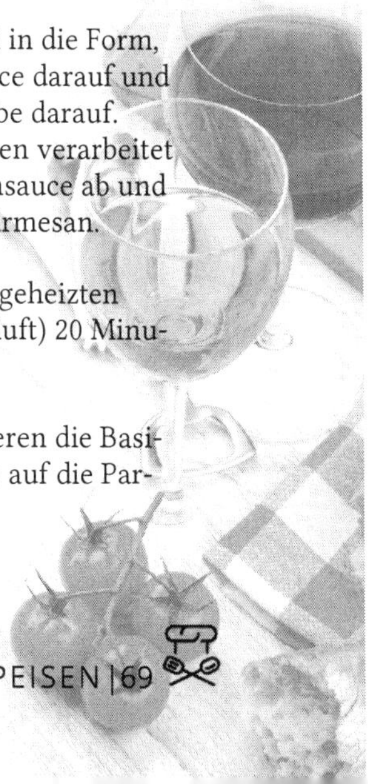

RAVIOLI DI RICOTTA CON CARCIOFI E ZAFFERANO –

RICOTTA-RAVIOLI MIT ARTISCHOCKEN UND SAFRAN

8 Port. 1,5 Std. Mittel

Zutaten

600 g Mehl, Type 00
6 Eigelb
10 Artischocken
Ricotta
Parmesan, gerieben
4 Packungen Kochsahne
etwas Safran
Salz
Saft von 2 Zitronen
Wasser

Nährwerte p. P.

2842 kcal
242 g Kohlenhydrate
163 g Fett
63 g Eiweiß

1 Verkneten Sie das Mehl und die Eigelbe mit einer Prise Salz, Kneten Sie den Teig einige Minuten und formen Sie ihn zu einer Kugel. Decken Sie sie mit Frischhaltefolie ab und lassen Sie sie eine Stunde lang im Kühlschrank ruhen.

2 Kümmern Sie sich in der Zwischenzeit um die Füllung. Putzen Sie die Artischocken, entfernen Sie einen Teil des Stiels, die äußeren Blätter und den Bart. Schneiden Sie sie dann in Spalten und weichen Sie sie in Wasser und Zitronensaft ein.

3 Kochen Sie die Artischocken im Wasser weich und pürieren Sie sie. Schmecken Sie sie mit Salz ab und vermischen Sie das Artischocken-Püree mit etwas Ricotta-Käse. Gehen Sie dabei nach Augenmaß vor. Geben Sie zum Schluss Parmesan über die Füllung.

4 Rollen Sie den Teig dünn aus und formen Sie ihn rund. Geben Sie die Füllung in die Mitte und kkappen Sie diesen halbmondförmig zusammen.

5 Kochen Sie die Ravioli in Salzwasser mit grobem Salz.

6 Geben Sie die Kochsahne in eine Pfanne und fügen Sie den in etwas Kochwasser der Ravioli aufgelösten Safran hinzu. Passen Sie die Konsistenz der Sauce mit dem heißem Nudelwasser an, bis sie cremig ist. Rühren Sie dann die Ravioli in die Sauce ein.

7 Servieren Sie die mit Artischocken gefüllten Ravioli mit der Safransoße, nachdem Sie sie mit Parmesan bestreut haben.

CARCIOFI RIPIENI ALLA SICILIANA – GEFÜLLTE ARTISCHOCKEN AUF SIZILIANISCHE ART

8 Port. | 1 Std. | Leicht

Zutaten

8 Artischocken
200 g Paniermehl
200 g Parmesan, gerieben
2 Knoblauchzehen
2 Bund Petersilie
8 - 10 EL Olivenöl
300 ml Gemüsebrühe
Saft von 2 Zitronen
Salz, Pfeffer
Wasser

Nährwerte p. P.

1468 kcal
91 g Kohlenhydrate
83 g Fett
58 g Eiweiß

1 Putzen Sie die Artischocken: Entfernen Sie die Stiele und mit einem sauberen Schnitt die Blattspitzen. Geben Sie sie nach und nach in eine Schüssel mit Wasser, das mit dem Saft der Zitronen gesäuert wurde.

2 Gießen Sie sie nun ab, spülen Sie sie ab und breiten Sie die Blätter mit den Händen aus: Entfernen Sie das innere Heu.

3 Für die Füllung: Vermischen Sie Paniermehl, den Parmesankäse, die gehackten Knoblauchzehen, gehackte Petersilie, Salz und Pfeffer. Fügen Sie reichlich Olivenöl hinzu, um alles gut anzufeuchten.

4 Füllen Sie das Innere der Artischocken und versuchen Sie dabei, die Mischung gleichmäßig zwischen die Blätter zu bringen.

5 Legen Sie sie nacheinander in einen Topf und halten Sie sie gut zusammen. Gießen Sie zwei Finger voll Gemüsebrühe in den Boden, schalten Sie den Herd ein und legen Sie den Deckel auf. Kochen Sie sie auf kleiner Flamme ca. 30 Minuten.

6 Garen Sie die Artischocken fünf Minuten auf dem Grill zu Ende, bis sie goldbraun sind.

Tipp: Zu den zahlreichen Zusätzen gehören ein paar Sardellenfilets in Öl, die für zusätzlichen Geschmack sorgen, oder rotes Chilipulver, wenn Sie es scharf mögen.

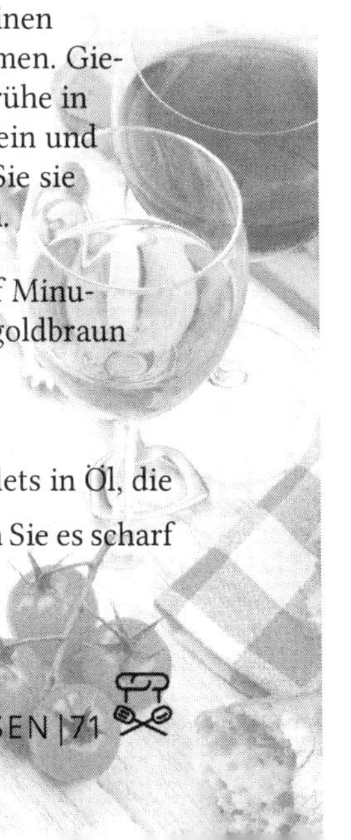

INSALATA DI ARANCE E FINOCCHI – ORANGEN-FENCHEL SALAT

8 Port. 15 Min. Leicht

Zutaten

2 Fenchel
4 Orangen
24 schwarze Oliven, entkernt
Olivenöl
Salz, Pfeffer
Minze (wenn Sie möchten)

Nährwerte p. P.

383 kcal
34 g Kohlenhydrate
19 g Fett
9 g Eiweiß

1 Schneiden Sie den Fenchelstrunk ab und entfernen Sie die harten äußeren Blätter. Schneiden Sie ihn in dünne Scheiben, waschen Sie ihn und trocknen Sie ihn gut ab.

2 Schälen Sie die Orangen und entfernen Sie den bitteren weißen Teil mit einem Messer. Geben Sie den Saft in eine kleine Schüssel. Schneiden Sie die Orangen dann in kleine Stücke.

3 Geben Sie Olivenöl, 2 EL Salz und Pfeffer in die Schüssel und verquirlen Sie alles mit einer Gabel.

4 Geben Sie die Orangen und den Fenchel in eine größere Schüssel und würzen Sie mit dem zuvor zubereiteten Dressing. Mischen Sie alles gut und fügen Sie die entsteinten Oliven und nach Belieben Minzblätter hinzu.

Tipp: Lassen Sie den Orangen-Fenchel-Salat vor dem Servieren mindestens 30 Minuten im Kühlschrank stehen, dann wird er noch frischer und schmackhafter.

FRITTATA DI CECI E CIPOLLE – ZWIEBELN UND KICHERERBSEN OMLETTE

4 Port. 30 Min. Leicht

Zutaten

1 Tasse Kichererbsen-mehl
2 Tassen lauwarmes Wasser
2 Zwiebeln
etwas Salz
etwas Pfeffer
½ TL Currypulver
Olivenöl

Nährwerte p. P.

426 kcal
63 g Kohlenhydrate
6 g Fett
21 g Eiweiß

1 Nehmen Sie eine Tasse Kichererbsen-mehl (eine Tasse mit ca. 500 ml ist ideal für ein Omelett für vier Personen und eine 25 cm-Pfanne) und zwei Tassen lauwarmes Wasser und vermischen Sie alles mit einem Schneebesen oder einem Stabmixer. Das gesamte Mehl sollte sich im Wasser auflösen, ohne Klumpen zu bilden.

2 Fügen Sie Salz, Pfeffer, Currypulver und Olivenöl hinzu. Rühren Sie nochmals um und lassen Sie das Ganze zehn Minuten stehen. Schneiden Sie in der Zwischenzeit die beiden Zwiebeln in dünne Scheiben.

3 Fügen Sie sie der Mischung hinzu und geben Sie sie in eine mit Olivenöl geölte Pfanne, die Sie auf den Herd gestellt haben. Die Pfanne muss sehr heiß sein.

4 Braten Sie das Omelette ca. zehn Minuten auf jeder Seite.

CIPOLLE DI TROPEA RIPIENE – GEFÜLLTE TROPEA ZWIEBELN

4 Port. | 30 Min. | Leicht

Zutaten

8 rote Tropea Zwiebeln
60 g Speck
150 g Robiola-Käse
30 g geriebener Käse
Petersilie
Olivenöl
Salz, Pfeffer

Nährwerte p. P.

382 kcal
17 g Kohlenhydrate
21 g Fett
28 g Eiweiß

1 Entfernen Sie den äußeren Teil der Zwiebeln und schneiden Sie die Spitzen ab. Geben Sie sie in einen Schnellkochtopf und kochen Sie sie zehn Minuten. Entfernen Sie mit einem Teelöffel den mittleren Teil der Zwiebeln und hacken Sie diesen fein.

2 Fügen Sie Ziegen-Robiola-Käse, gewürfelten Speck, gehackte Petersilie, einen Schuss Öl, Salz und Pfeffer hinzu. Mischen Sie alles gut und füllen Sie die Zwiebeln damit.

3 Legen Sie sie auf ein Backblech, welches Sie mit Backpapier ausgelegt haben, bestreuen Sie sie mit geriebenem Käse und backen Sie sie bei 200 °C (Ober-/Unterhitze) zehn Minuten. Schalten Sie anschließend die Grillfunktion an und backen Sie sie für weitere fünf Minuten.

Tipp: Die Tropea Zwiebel ist besonders, da es sich um eine milde und bekömmliche, sehr süß schmeckende, fleischige Zwiebel handelt. Sie enthält das natürliche Antibiotikum Allicin, somit punktet sie auch gesundheitlich. Sie wirkt verdauungsfördernd, keimhemmend und keimtötend. Sollten Sie diese nicht finden, können Sie das Gericht auch mit normalen roten Zwiebeln kochen. Der Robiola-Käse ist ein würziger italienischer Frischkäse aus der Lombardei und Piemont und wird aus Kuhmilch hergestellt. Es gibt ihn jedoch auch aus Schafsmilch. Sollten Sie diesen ebenfalls nicht finden, können Sie einen anderen Schafskäse für das Rezept verwenden.

Fingerfood/Snacks

SFINCIONE – SIZILIANISCHE PIZZA

12 Port. | 18 Std. | Leicht

Zutaten

Für den Teig (Vorteig):
400 g Weizenmehl, Type 550
400 g Wasser, warm (ca. 30 °C)
10 g frische Hefe

Für den Teig:
810 g Teig (Vorteig)
720 g Weizenmehl, Type 550
480 g lauwarmes Wasser
16 g frische Hefe
30 g Salz
Olivenöl

Für den Belag:
2 kl. Dosen geschälte Tomaten
4 mittelgroße Zwiebeln
6 Zehen Knoblauch
400 g Käse
etwas Zucker
Salz, Pfeffer

Nährwerte p. P.

709 kcal
99 g Kohlenhydrate
22 g Fett
22 g Eiweiß

1 Kneten Sie die Zutaten für den Vorteig gut durch und lassen Sie diese 12 - 14 Stunden warm zugedeckt gehen.

2 Kneten Sie alle Teigzutaten intensiv und lassen Sie diese in einer verschließbaren Dose zwei Stunden bei 23 - 24 °C ruhen.

3 Verteilen Sie reichlich Olivenöl auf einem Backblech, geben Sie den Teig darauf und falten Sie diesen mit einer Teigkarte vom Rand zur Mitte. Verteilen Sie den Teig mit eingeölten Fingern sorgfältig auf dem Blech.

4 Schneiden Sie in der Zeit, in der der Teig auf dem Blech reift, die Zwiebeln in dünne Scheiben, den Käse in Würfel und hacken den Knoblauch fein. Dünsten Sie dann die Zwiebeln und den Knoblauch in einer Pfanne an, geben Sie die Tomaten dazu, würzen Sie etwas und lassen Sie nach fünf Minuten alles erkalten.

5 Verteilen Sie die Tomaten-Zwiebel-Soße auf dem Teig, schieben Sie das Blech in den vorgeheizten Ofen und backen Sie die Pizza bei 250 °C für 20 Minuten. Geben Sie nach zehn Minuten den Käse darauf und backen Sie sie fertig.

6 Der Teig sollte hoch und locker sein. Es ist eine Kreuzung zwischen Focaccia und Pizza. Sfincione wird sowohl rund als auch im Blech angeboten.

Tipp: Nach Belieben können Sie das Ganze auch mit weiteren Zutaten wie z. B. Champignons, Oliven o. Ä. belegen.

POLPETTINE SICILIANE –
SIZILIANISCHE BULETTEN

4 Port. | 20 Min. | Leicht

Zutaten

500 g gehacktes Kalbfleisch
2 Eier
1 EL gehackte Petersilie
50 g geriebener Parmesan
70 g geriebener Provolone
3 EL Paniermehl
100 ml Sonnenblumenöl
1 Msp. Salz
1 Msp. Pfeffer

Nährwerte p. P.

1060 kcal
2 g Kohlenhydrate
22 g Fett
22 g Eiweiß

1 Geben Sie das Fleisch in eine hohe Schüssel. Fügen Sie die Eier, den Parmesan, den Provolone, Petersilie, Paniermehl, Salz und Pfeffer hinzu.

2 Kneten Sie alles gut zusammen und formen Sie gleich große Bällchen aus der Masse.

3 Geben Sie Öl in eine Pfanne. Sobald dieses warm ist, geben Sie die Buletten hinein und braten diese goldbraun. Nehmen Sie sie heraus und lassen Sie sie auf Küchenpapier abtropfen. Sobald die Buletten abgekühlt sind, können Sie diese servieren.

Tipp: Wenn Sie keinen Provolone finden oder diesen nicht mögen, können Sie ihn einfach weglassen und stattdessen die Menge an Parmesan erhöhen.

BISCOTTI SICILIANI ALLE NOCCIOLE – SIZILIANISCHE KEKSE MIT NÜSSEN

15 Stk. | 45 Min. | Leicht

Zutaten

110 g Puderzucker
180 g Mehl, Type 00
120 g gemahlene Nüsse
1 Päckchen Vanillezucker
1 EL Wasser
100 g weiche Butter
1 Ei
15 kandierte Kirschen

Nährwerte p. P.

427 kcal
45 g Kohlenhydrate
28 g Fett
7 g Eiweiß

1 Geben Sie Puderzucker, Butter und Eigelb in eine hohe Schüssel und vermengen Sie das Ganze mit einer Gabel. Machen Sie dann mit den Händen weiter, bis es zu einer kompakten Masse wird.

2 Vermengen Sie das Mehl und den Vanillezucker und geben Sie es zu der Masse hinzu. Vermengen Sie weiterhin mit den Händen und geben Sie einen Esslöffel Wasser hinzu, um das Ganze besser vermischen zu können.

3 Umhüllen Sie den Teig mit Klarsichtfolie und lassen Sie diesen im Kühlschrank 30 Minuten ruhen.

4 Nehmen Sie dann den Teig heraus und formen Sie daraus kleine Bällchen mit jeweils 25 g, zerdrücken Sie diese leicht und formen Sie eine Rille mit dem Finger in der Mitte.

5 Schlagen Sie das übriggebliebene Eiweiß für ein paar Sekunden mit einer Gabel. Tauchen Sie jeden Keks hinein und bestreuen Sie diesen anschließend mit den gemahlenen Nüssen.

6 Legen Sie die Kekse auf ein Backblech, welches Sie mit Backpapier belegen, und geben Sie in jede Rille von den Keksen eine kandierte Kirsche.

Tipp: Wenn Sie keine kandierten Kirschen mögen, können Sie diese weglassen.

CECI ARROSTO –
GEBACKENE KICHERERBSEN

8 Port. 35 Min. Leicht

Zutaten

600 g gekochte Kichererbsen
Gewürze Ihrer Wahl (z. B. Paprikapulver, Zimt, Curry usw.)
Olivenöl
Salz
schwarzer Pfeffer

Nährwerte p. P.

149 kcal
20 g Kohlenhydrate
2 g Fett
7 g Eiweiß

1 Nachdem Sie die Kichererbsen gekocht haben und diese abgekühlt sind, trocknen Sie diese gut mit einem Küchentuch.

2 Geben Sie die Kichererbsen in eine Schüssel und fügen Sie Olivenöl, Salz, Pfeffer und die Gewürze Ihrer Wahl hinzu. Vermischen Sie alles gut miteinander und geben Sie die Kichererbsen auf ein Backblech, welches Sie mit Backpapier belegt haben. Versuchen Sie diese so darauf zu verteilen, dass zwischen den jeweiligen Kichererbsen etwas Platz ist.

3 Backen Sie diese im vorgeheizten Backofen bei 200 °C Ober-/Unterhitze für 25 Minuten. Kontrollieren Sie ab und an und nehmen Sie das Backblech manchmal heraus, um die Kichererbsen zu wenden, damit diese gleichmäßig gebacken werden.

PIZZETTE MORBIDE –
WEICHE KLEINE PIZZEN

20 Stk. | 3 Std. 35 Min. | Leicht

Zutaten

600 g Mehl, Type 00
400 g Manitoba-Mehl
100 g Butter
2 Päckchen Trockenhefe
20 g Salz
500 ml lauwarmes Wasser
4 L Milch
4 Mozzarella-Stücke (je 125 g)
passierte Tomaten
Oregano
Salz, etwas Zucker
Olivenöl

Nährwerte p. P.

197 kcal
30 g Kohlenhydrate
5 g Fett
6 g Eiweiß

1 Schmelzen Sie die Trockenhefe im lauwarmen Wasser und stellen Sie sie beiseite. Vermischen Sie die beiden Mehlsorten in einer Schüssel und geben Sie die Butter hinzu. Geben Sie das Wasser hinzu, vermischen Sie alles gut mit den Händen und geben Sie dann Salz hinein. Vermengen Sie weiter, bis die Masse elastisch und weich ist.

2 Wenn der Teig die richtige Konsistenz erreicht hat, streuen Sie auf Ihre Arbeitsfläche etwas Mehl und kneten den Teig darauf. Geben Sie den Teig in eine breite Schüssel, bedecken Sie diese mit einem Tuch und lassen Sie den Teig für ungefähr drei Stunden ruhen. Der Teig sollte doppelt an Volumen wachsen.

3 In der Zwischenzeit bereiten Sie die Tomatensoße vor. Geben Sie dafür die passierten Tomaten in eine Schüssel. Fügen Sie nach Bauchgefühl Olivenöl, etwas Salz, etwas Zucker und Oregano hinzu und vermischen Sie alles gut.

4 Nach drei Stunden teilen Sie den Teig in mehrere Bällchen derselben Größe, vergrößern diese mit den Händen und geben etwas Tomatensoße darauf. Legen Sie die Pizzen auf ein Backblech, welches Sie mit Packpapier belegen, und lassen Sie diese ein paar Minuten backen. Nehmen Sie die Pizzen nach der Hälfte der Backzeit heraus und geben Sie nochmals Tomatensoße und als Letztes Mozzarella (in Würfel geschnitten) darauf und backen Sie weiter, bis der Käse geschmolzen ist. Die perfekte Backzeit beträgt 15 - 20 Minuten bei 180 °C Ober-/Unterhitze.

Tipp: Statt Manitoba-Mehl können Sie auch Reismehl oder Maismehl benutzen.

MUFFOLETTE SICILIANE –
SIZILIANISCHE BRÖTCHEN

20 Stk. | 1 Std. 50 Min. | Mittel

Zutaten

800 g Hartweizen-grießmehl
200 g Mehl, Type 00
25 g frische Hefe
20 ml Olivenöl
20 g Salz
700 ml lauwarmes Wasser
Sesam

Nährwerte p. P.

334 kcal
65 g Kohlenhydrate
2 g Fett
11 g Eiweiß

1 Geben Sie in eine Knetmaschine die beiden Mehlsorten, welche Sie jedoch vorher vermischt haben. Geben Sie dann in dic Mitte die in etwas von dem lauwarmen Wasser geschmolzene Hefe.

2 Machen Sie die Maschine auf mittlere Stufe an und geben Sie 400 ml Wasser hinzu. Sobald alles vermengt ist, fügen Sie Öl hinzu und lassen es absorbieren.

3 Geben Sie nun Salz und das übrige Wasser hinzu und bearbeiten Sie den Teig für zehn Minuten. Der Teig sollte weich und leicht klebrig sein.

4 Bestreuen Sie Ihre Arbeitsfläche gut mit etwas Hartweizengrießmehl, geben Sie den Teig darauf und kneten Sie ihn etwas mit den Händen. Bedecken Sie den Teig mit Klarsichtfolie und lassen Sie diesen 40 Minuten ruhen.

5 Wenn die Zeit herum ist, teilen Sie den Teig in Bällchen (je 200 g) und zerdrücken diese mit den Handballen. Legen Sie die Teigstücke nebeneinander auf ein Backblech, welches Sie mit Backpapier belegt haben. Bedecken Sie diese erneut mit Klarsichtfolie und lassen Sie sie für 45 Minuten ruhen, bis sie sich von der Größe her verdoppelt haben.

6 Bestreichen Sie die Bällchen mit etwas Wasser und geben Sie etwas Sesam darauf. Backen Sie sie anschließend im vorgeheizten Backofen bei 230 °C (Ober-/Unterhitze) für ca. 20 - 25 Minuten, bis die Brötchen goldbraun sind.

OLIVE AL FORNO –
OLIVEN IM OFEN

500 g | 50 Min. | Leicht

Zutaten

500 g schwarze Oliven (reif)
2 EL Oregano
2 Knoblauchzehen
1 Chili
Salz
Olivenöl

Nährwerte p. P.

354 kcal
5 g Kohlenhydrate
34 g Fett
2 g Eiweiß

1 Waschen Sie die Oliven gut unter kaltem, laufendem Wasser. Dieser Schritt ist sehr wichtig, da diese Oliven nicht frisch geerntet werden, sondern vom Boden aufgehoben werden, nachdem diese von selbst runterfallen, wenn sie reif sind.

2 Legen Sie die Oliven anschließend in einen Topf mit salzigem Wasser und kochen Sie sie drei Minuten lang.

3 Gießen Sie die Oliven ab. Geben Sie die Oliven in eine Schüssel und fügen Sie Oregano, gehackten Knoblauch, Salz und etwas Chili hinzu.

4 Geben Sie die Oliven nun auf ein Backblech, welches Sie mit Backpapier belegen, und backen Sie die Oliven für ca. 40 Minuten bei 170 °C Ober-/Unterhitze. Mischen Sie diese ab und an mit einem Löffel.

5 Am Ende der Backzeit nehmen Sie die Oliven heraus und lassen sie abkühlen. Reiben Sie Ihre Hände mit etwas Olivenöl ein und vermischen Sie diese damit nochmals. Lassen Sie sie dann etwas ruhen. Sie können die Oliven nun servieren.

Tipp: Wenn Sie die Oliven nicht direkt servieren möchten, können Sie sie auch in ein verschließbares Glas geben. So können sie mehrere Wochen gelagert werden.

KRAPFEN SICILIANI –
SIZILIANISCHE KRAPFEN

9 Stk. | 3 Std. 15 Min. | Mittel

Zutaten

250 g Mehl, Type 00
30 g Zucker
5 g Salz
25 g Schmalz
12 g Bierhefe
125 ml Milch (oder Wasser)

Zum Frittieren:
Erdnuss- oder Sonnenblumenöl (nach Belieben)

Zum Garnieren:
Zucker

Nährwerte p. P.

706 kcal
14 g Kohlenhydrate
70 g Fett
2 g Eiweiß

1 Bereiten Sie den Teig vor, indem Sie alle Zutaten miteinander vermengen. Bearbeiten Sie den Teig mit den Händen, bis er „glatt" wird und legen Sie ihn dann in eine Schüssel und bedecken ihn mit Frischhaltefolie. Lassen Sie den Teig eine Stunde ruhen.

2 Der Teig sollte sein Volumen verdoppeln und es kann je nach Temperatur unterschiedlich lange dauern. Somit kann es sein, dass Sie den Teig auch etwas länger als eine Stunde ruhen lassen sollten.

3 Wenn sich der Teig verdoppelt hat, legen Sie ihn auf Ihre Arbeitsplatte und rollen ihn mit einem Nudelholz aus, bis er eine Dicke von ca. 1 cm erreicht hat.

4 Nehmen Sie nun ein Glas und schneiden Sie die Kreise aus. Anschließend legen Sie diese auf Backpapier. Den verbliebenen Teig können Sie anderweitig verwenden.

5 Lassen Sie die Krapfen nun wieder ruhen, bis sie sich nochmals im Volumen verdoppeln.

6 Nehmen Sie danach eine Pfanne, geben Sie Erdnuss- oder Sonnenblumenöl und beginnen Sie die Krapfen zu frittieren. Das Öl muss warm sein, die Flamme jedoch niedrig, weil der Krapfen die Zeit haben muss, innen zu garen.

7 Wenn Sie die Erfahrung nicht haben, um zu verhindern, dass der Krapfen „entleert", wenn Sie diesen herausholen, schneiden Sie das Backpapier um den Krapfen herum aus. Tauchen Sie den Krapfen mit Backpapier in das Fett und entfernen Sie das Backpapier danach.

8 Wenn die Krapfen eine goldene Farbe angenommen haben, lassen Sie sie auf einem Papiertuch abtropfen und wälzen Sie sie dann von allen Seiten im Zucker.

Tipp: Um das Ganze noch etwas zu verfeinern, können Sie ein kleines Loch in die Krapfen machen und mit Nutella oder einer anderen Creme füllen.

RAVAZZATE –
GEFÜLLTE BRÖTCHEN

4 – 6 Stk. | 4 Std. | Mittel

Zutaten

Für die Brötchen:
500 g Mehl, Type 00
250 ml Wasser
50 g Schmalz
40 g Zucker
10 g Salz
7 g Bierhefe

Für die Füllung:
200 g Rinderhack
200 g frische italienische Salsiccia
150 g passierte Tomaten
150 g Erbsen (TK oder frisch)
2 EL Tomatenmark
1 Zwiebel
1 Karotte
Olivenöl
trockener Weißwein
Salz, Pfeffer

Zum Garnieren:
1 Eigelb
etwas Milch
Sesam

Nährwerte p. P.

1539 kcal
217 g Kohlenhydrate
48 g Fett
51 g Eiweiß

1 Füllen Sie das Wasser in eine Schüssel und lösen Sie die Hefe und den Zucker darin auf. Fügen Sie das Mehl hinzu und mischen Sie es grob mit einer Gabel. Anschließend fügen Sie Salz und Schmalz hinzu und kneten alles gut durch.

2 Legen Sie den Teig auf eine Arbeitsplatte und bearbeiten Sie diesen gut, bis er elastisch und homogen erscheint. Formen Sie anschließend eine Kugel und legen Sie diese in eine leicht gefettete Schüssel. Decken Sie das Ganze mit Frischhaltefolie ab und lassen Sie den Teig für etwa drei Stunden gehen.

3 Bereiten Sie in der Zwischenzeit die Füllung vor: Putzen und hacken Sie die Karotte und die Zwiebel und braten Sie beides in einem Topf mit einem Schuss Öl. Fügen Sie die Wurst hinzu, welche Sie vorher von der Haut befreit haben, und lassen Sie sie für ein paar Minuten anbraten. Zerbröseln Sie diese beim Braten etwas.

4 Fügen Sie nun das Hackfleisch, Salz, Pfeffer hinzu und lassen Sie alles bei starker Hitze anbraten. Verfeinern Sie das Ganze mit etwas Wein (nach Bauchgefühl), fügen Sie die Erbsen hinzu und lassen Sie alles kurz köcheln, bis der Alkohol verdampft ist. Geben Sie das Tomatenmark und die passierten Tomaten hinzu, rühren Sie um und kochen Sie alles bei schwacher Hitze für ca. 40 Minuten.

5 Salzen und pfeffern Sie das Ganze nochmals. Schalten Sie nach der genannten Zeit den Herd aus, gießen Sie die Soße in eine Auflaufform und lassen Sie diese vollständig auskühlen.

6 Wenn die Gehzeit vom Teig vorbei ist, drehen Sie den Teig auf einer leicht bemehlten Arbeitsplatte auf den Kopf, bilden eine längliche Form und teilen davon Stücke von jeweils 70 g.

7 Zerdrücken Sie jedes Stück mit den Fingerspitzen und formen Sie normale Scheiben. Verteilen Sie einen großzügigen Löffel der Füllung in der Mitte und schließen Sie dann jedes Stück, als wäre es eine Teigtasche. Drücken Sie dabei die Enden gut zu.

8 Legen Sie die Brötchen auf ein Backblech, welches Sie mit Backpapier ausgelegt haben. Legen Sie dabei den glatten Teil nach oben. Bepinseln Sie die Oberflächen mit einem Tropfen Öl, bedecken Sie alles gut mit Frischhaltefolie und lassen Sie das Ganze für etwa eine Stunde ruhen.

9 Entfernen Sie nun die Frischhaltefolie. Verquirlen Sie das Eigelb mit etwas Milch und bepinseln Sie die Brötchen damit. Bestreuen Sie die Oberflächen mit etwas Sesam.

10 Backen Sie die Brötchen nun im vorgeheizten Backofen bei 190 °C Ober-/Unterhitze für etwa 30 Minuten. Überprüfen Sie ab und an, ob die Brötchen goldbraun sind. Nehmen Sie diese dann heraus und lassen Sie sie zehn Minuten ruhen.

Tipp: Salsiccia ist eine italienische Wurst. Das Besondere daran ist die Auswahl der Zutaten. Hierfür wird ausschließlich frisches Schweinefleisch verwendet, welches mit besonderen, meistens wilden Gewürzen veredelt wird. Wenn Sie keine Salsiccia beim Einkaufen finden sollten, können Sie diese mit Bratwurst ersetzen. Den Geschmack kriegen Sie damit nicht hin. Sie können sich diesem jedoch mit etwas Fenchel (Samen und Knollen) annähern.

CANNOLI ALLA RICOTTA – CANNOLI MIT RICOTTA-FÜLLUNG

8 Port. | 1 Std. | Mittel

Zutaten

100 g Butterschmalz
2 Eier + 1 Eiweiß
150 g Schokoladenstückchen
500 g Mehl, Type 00
10 g Kakaopulver
1 Msp. Salz
660 g Zucker
60 ml Marsala
1 kg Ricotta vom Schaf
kandierte Orangenschale
Puderzucker
1 L Zimtpulver
60 ml Weißweinessig
Erdnussöl
Kirschen

Nährwerte p. P.

2987 kcal
371 g Kohlenhydrate
144 g Fett
50 g Eiweiß

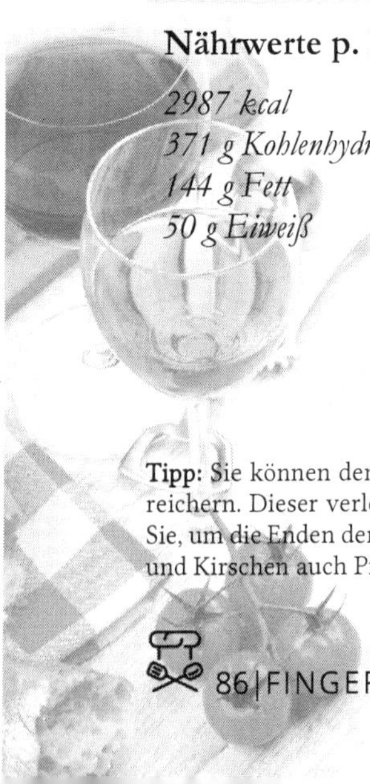

1 Gießen Sie die Molke aus dem Ricotta ab. Nachdem dieser trocken ist, mischen Sie ihn vorsichtig mit 600 g Zucker und lassen ihn mit Frischhaltefolie abgedeckt ca. eine Stunde im Kühlschrank ruhen.

2 Mischen Sie nun das gesiebte Mehl, 60 g Zucker, Salz, Zimtpulver und Kakaopulver in einer Schüssel. Arbeiten Sie das geschmolzene Schmalz und die ganzen Eier ein. Kneten Sie alle Zutaten gut durch. Nun können Sie auch den Marsala und den Essig hinzufügen, aber immer nur ein wenig. Sobald Sie eine braune Kugel erhalten haben, wickeln Sie diese in Frischhaltefolie ein und lassen sie eine Stunde im Kühlschrank ruhen.

3 Zurück zum Ricotta: Sieben Sie diesen zu einer sehr feinen Masse. Fügen Sie dann die Schokoladensplitter hinzu und stellen Sie es wieder in den Kühlschrank. Nun müssen Sie die Waffeln backen. Nehmen Sie den Teig wieder, kneten Sie ihn noch etwas, rollen Sie ihn höchstens 2 Millimeter dünn aus und stechen Sie mit Hilfe einer runden Schablone Scheiben von 10 cm Durchmesser aus, bis der Teig aufgebraucht ist.

4 Um die charakteristische „Cannoli-Form“ zu erhalten, benötigen Sie einige kleine, mit Öl eingefettete Metallzylinder. Wickeln Sie jede Scheibe um ihren Zylinder und verbinden Sie die Ränder, wenn diese sich berühren, um sie zu versiegeln. Bestreichen Sie die Oberfläche der Waffeln mit Eiweiß und tauchen Sie sie in heißes Öl, um sie zu frittieren. (Tipp: Immer nur ein paar Waffeln auf einmal.)

5 Nachdem Sie diese frittiert haben, müssen die Cannoli nur noch verpackt werden. Nehmen Sie sie vom Zylinder und füllen Sie sie mit Hilfe eines Spritzbeutels mit der Ricottacreme. Entfernen Sie mit einem Spatel den überlaufenden Ricotta von den Enden und garnieren Sie das Ganze mit kandierter Orangenschale und einer Kirsche auf jeder Seite. Legen Sie die leckeren Cannoli in einer Reihe auf ein und bestreuen Sie sie mit Puderzucker.

Tipp: Sie können den Teig für die Cannoli mit einem gestrichenen Esslöffel Kaffeepulver anreichern. Dieser verleiht den Cannoli einen ansprechenderen Geschmack! Außerdem können Sie, um die Enden der Cannoli zu garnieren, anstelle von kandierten Früchten, Orangenschalen und Kirschen auch Pistazien verwenden.

POLPETTE ALLA RICOTTA – RICOTTA-BULETTEN

4 Port. | 1 Std. 10 Min. | Mittel

Zutaten

500 g Ricotta
4 Eier
2 Knoblauchzehen
250 g Paniermehl
80 ml Milch
1 Bund Petersilie
Salz, Pfeffer
Olivenöl
1 Glas Wasser

Nährwerte p. P.

1057 kcal
110 g Kohlenhydrate
47 g Fett
44 g Eiweiß

1 Geben Sie das Paniermehl in eine Schüssel und tränken Sie es mit einem halben Glas Milch. Fügen Sie anschließend Ricotta-Käse, eine in Scheiben geschnittene Knoblauchzehe, etwas gehackte Petersilie und eine Prise Salz hinzu. Kneten Sie die Eier und etwas Pfeffer unter und lassen Sie den Teig ca. 30 Minuten ruhen.

2 Braten Sie den restlichen Knoblauch ein paar Minuten in einer beschichteten Pfanne zusammen mit dem Öl, einem Glas Wasser, etwas Petersilie und einer Prise Salz an.

3 Formen Sie aus der Ricotta-Mischung kleine Teigtaschen und geben Sie diese in die Pfanne. Decken Sie das Ganze mit einem Deckel ab und garen Sie sie weiter, bis die Bällchen goldbraun sind.

Tipp: Sie können auch einige Scheiben fein gehackten gekochten Schinken in die Füllung einarbeiten. Überwachen Sie außerdem das Garen der Bällchen und wenden Sie sie von Zeit zu Zeit, damit diese gleichmäßig bräunen.

PALLINE FRITTE DI RICOTTA –
FRITTIERTE RICOTTA-BÄLLCHEN

8 Port. | 1,5 Std. | Leicht

Zutaten

350 g Ricotta
4 Bund Petersilie
40 g Paniermehl
2 Eier
3 EL Weizenmehl
4 EL geriebener Parmesan
Salz, Pfeffer
Sonnenblumenöl

Nährwerte p. P.

512 kcal
29 g Kohlenhydrate
31 g Fett
26 g Eiweiß

1 Geben Sie den Ricotta in eine Schüssel und fügen Sie die Eier, die gehackte Petersilie, den Parmesankäse, Salz, Mehl und reichlich gemahlenen Pfeffer hinzu. Rühren Sie alles um und stellen Sie die Mischung ca. eine Stunde in den Kühlschrank.

2 Nehmen Sie das Ganze dann heraus und formen Sie daraus Kugeln. Tauchen Sie die Kugeln anschließend in Paniermehl und braten Sie sie in einer Pfanne mit reichlich heißem Sonnenblumenöl. Wenn sie goldbraun sind, lassen Sie sie abtropfen und legen Sie sie auf einen mit Papiertüchern ausgelegten Teller. Salzen und servieren Sie sie.

Desserts

CASSATA SICILIANA – SIZILIANISCHE CASSATA

7 Port. | 5 Std. 50 Min. | Leicht

Zutaten

Für den Biskuit:
6 Eier
200g Zucker
200 g Mehl
weiche Butter und Mehl für die Form
9 EL Maraschino (Kirschlikör)

Für die Füllung:
800 g Ricotta
275 g Zucker
200 ml Wasser
½ Vanilleschote, Mark
250 g kandierte Früchte
100 g Zartbitter-Kuvertüre
Dekoration:
½ Vanilleschote, Mark
50 g Zucker
50 g Pistazienkerne
500 ml Schlagsahne
150 g kandierte Früchte

Nährwerte p. P.

1444 kcal
44 g Kohlenhydrate
13 g Fett
10 g Eiweiß

1 Für den Biskuit: Verrühren Sie die Eier und den Zucker mit dem Handrührgerät. Schlagen Sie sie über dem heißen Wasserbad zehn Minuten cremig auf. Schlagen Sie zehn Minuten weiter, bis die Masse kalt ist.

2 Sieben Sie das Mehl nach und nach dazu und heben Sie es vorsichtig unter. Fetten Sie eine Springform (26 cm Durchmesser) am Boden ein, bemehlen Sie sie leicht und füllen Sie die Masse ein.

3 Backen Sie den Biskuit im vorgeheizten Backofen bei 170 °C (Ober-/Unterhitze) 40 Minuten. Lassen Sie dann die Form auf einem Gitter auskühlen.

4 Für die Füllung: Lassen Sie den Ricotta gut abtropfen. Kochen Sie den Zucker mit 200 ml Wasser und dem Vanillemark zehn Minuten und lassen Sie ihn dann 30 Minuten abkühlen. Rühren Sie den warmen Zuckersirup unter den Ricotta.

5 Würfeln Sie die kandierten Früchte fein, hacken Sie die Kuvertüre fein. Heben Sie beides unter die Ricotta-Masse.

6 Lösen Sie den Biskuit aus der Form und schneiden Sie diesen zweimal waagerecht durch. Streichen Sie die Ricotta-Masse darauf, legen Sie den mittleren Boden darauf, beträufeln Sie mit Maraschino und drücken Sie an.

7 Stellen Sie die Torte vier Stunden kalt.

8 Für die Dekoration: Schlagen Sie Vanillemark mit Zucker und Sahne steif. Bestreichen Sie die Torte damit gleichmäßig, belegen Sie sie mit den kandierten Früchten und verzieren Sie den Rand mit gehackten Pistazienkernen.

COUSCOUS DOLCE –
SÜSSER COUSCOUS

8 Port. 40 Min. Leicht

Zutaten

160 g gekochter Couscous
180 ml Wasser
6 Äpfel
4 EL Honig
100 g geschälte Mandeln
Pinienkerne
Salz
Zimt

Für die Mascarpone-Creme:
500 g Mascarpone
240 g Puderzucker
200 ml frische Sahne
100 g Zucker
2 Zitronen
600 g Waldfrüchte
6 EL Milch

Nährwerte p. P.

2405 kcal
276 g Kohlenhydrate
126 g Fett
33 g Eiweiß

1 Bevor Sie mit der Zubereitung des Rezepts beginnen, einen kleinen Tipp: Nehmen Sie den Mascarpone ca. 30 Minuten vor der Zubereitung aus dem Kühlschrank.

2 Mischen Sie die Beeren mit dem Saft und der Schale der Zitronen und dem Zucker. Stellen Sie das Ganze beiseite und lassen Sie alles durchziehen. Geben Sie den Mascarpone, Milch und Puderzucker in eine Schüssel und vermischen Sie alles gut. Schlagen Sie die Sahne auf und heben Sie sie unter den Mascarpone. Stellen Sie das Ganze in den Kühlschrank.

3 Gießen Sie 180 ml kochendes Wasser über den Couscous, damit er aufquillt. Verwenden Sie eine Gabel, um ihn etwas aufzulockern. Würzen Sie diesen anschließend mit etwas Salz.

4 Schneiden Sie die Äpfel in Würfel, entfernen Sie dabei das Kerngehäuse. Geben Sie sie anschließend zusammen mit dem Zimt in einen Kochtopf. Kochen Sie alles bei schwacher Hitze und geschlossenem Deckel zehn Minuten, fügen Sie gegebenenfalls etwas Wasser hinzu. Schalten Sie nach fünf Minuten den Herd aus.

5 Rösten und hacken Sie die Mandeln und geben Sie sie zusammen mit den Pinienkernen in eine Schüssel. Geben Sie in die Schalen eine erste Schicht Couscous, garnieren Sie mit den Mandeln und den Pinienkernen und verzieren Sie mit der Mascarponecreme und den Beeren.

6 Lassen Sie den Couscous vor dem Servieren abkühlen.

Tipp: Mit dem süßen Couscous können Sie Ihren Gästen ein Dessert anbieten, das je nach Situation immer wieder anders ist. Sie können ihn mit trockenen Früchten, frischem Obst, Sahne oder dunkler Schokolade zubereiten.

TORTA DI PAN DI SPAGNA CON RICOTTA – BISKUITKUCHEN MIT RICOTTA

8 Port. 50 Min. Leicht

Zutaten

3 Eier
90 g Mehl, Type 00
90 g Zucker
geriebene Zitronenschale
250 g Ricotta
100 g Puderzucker
50 g Schokoladenstückchen
50 g kandierte Orange, kleingeschnitten
1 EL Pistazien, zerkleinert
100 g Mandeln, zerbröselt
kandierte Kirschen
200 ml Wasser
150 g Zucker
Zitruslikör

Nährwerte p. P.

2405 kcal
276 g Kohlenhydrate
126 g Fett
33 g Eiweiß

1 Fetten und bemehlen Sie eine 18 - 20 cm große Form oder legen Sie sie mit Backpapier aus.

2 Schlagen Sie die Eier mit den 90 g Zucker lange auf. Machen Sie ca. 15 Minuten so weiter, bis die Masse leicht und schaumig wird. Geben Sie nun das gesiebte Mehl nach und nach hinzu und rühren Sie mit einem Pfannenwender oder Holzlöffel vorsichtig von oben nach unten, damit sich die Eier nicht auflösen. Fügen Sie mehr Mehl hinzu, wenn das vorherige Mehl bereits eingearbeitet ist. Fügen Sie zum Schluss die geriebene Zitronenschale hinzu.

3 Füllen Sie die Masse in die Kuchenform und backen Sie diese im heißen Ofen bei 180 °C ca. 30 Minuten lang. Nehmen Sie sie aus dem Ofen und lassen Sie sie abkühlen.

4 Sieben Sie in der Zwischenzeit den Ricotta-Käse, fügen Sie dann den Puderzucker hinzu.

5 Lassen Sie das Ganze mit Frischhaltefolie bedeckt im Kühlschrank ruhen. Fügen Sie die Schokoladenstückchen erst kurz vor dem Füllen hinzu, wobei Sie sie nur in die eine Hälfte der Creme geben.

6 Bringen Sie 150 g Zucker in einem kleinen Topf mit 200 ml Wasser zum Schmelzen, lassen Sie das Ganze dann einige Minuten kochen und schalten Sie den Herd dann ab. Lassen Sie es abkühlen und fügen Sie schließlich den Likör hinzu.

7 Teilen Sie den bereits kalten Biskuit in zwei Hälften. Befeuchten Sie die untere Hälfte mit reichlich Likörsirup und füllen Sie sie mit ca. der Hälfte der Ricotta-Creme, in die Sie bereits die Schokoladenstückchen gegeben haben.

8 Bedecken Sie sie mit der anderen Hälfte des Kuchens und benetzen Sie diese ebenfalls mit reichlich Sirup.

9 Streichen Sie die restliche Creme auf den Rand und die Oberfläche des Kuchens. Dekorieren Sie den Rand mit Mandelgranulat und die Oberfläche mit Pistazien und den kandierten Früchten.

ZUCCATA –

SIZILIANISCHE ZUCCATA

1 Port. | 1 Tag | Mittel

Zutaten

2 kg Zucchini
Wasser
2 kg Zucker
½ Apfel

Nährwerte p. P.

208 kcal
50 g Kohlenhydrate
0 g Fett
0 g Eiweiß

1 Teilen Sie die Zucchini in vier Stücke. Entfernen Sie die Haut mit einem Sparschäler und entfernen Sie mit einem Löffel den weichen, mittleren Teil mit den Kernen.

2 Schneiden Sie sie in Stücke und kochen Sie sie in kochendem Wasser, bis sie weich sind. Piksen Sie mit den Zinken einer Gabel an, sobald sie sinken, ist die Zucchini fertig. Lassen Sie die Zucchini abtropfen und geben Sie sie in ein Sieb über einer Schüssel. Beschweren Sie die Zucchini mit einem Gewicht und lassen Sie das Wasser ablaufen, das dauert ca. 24 Stunden. Nach dieser Zeit geben Sie die Zucchini in einen Mixer und pürieren sie.

3 Geben Sie die Mischung in einen Topf mit niedrigem Rand. Stellen Sie den Herd auf niedrige Hitze und lassen Sie das Ganze einige Minuten kochen, bis das Püree kompakt und trocken ist. Fügen Sie dann den Zucker und die Apfelscheiben hinzu und rühren Sie vorsichtig um, bis der Zucker vollständig aufgelöst ist. Kochen Sie die Marmelade ca. 15 - 20 Minuten lang. Sie wird transparent und glänzend.

4 Nehmen Sie eine kleine Menge und gießen Sie sie auf eine Kaffeeuntertasse, welche Sie senkrecht aufstellen. Wenn die Marmelade nicht tropft und an der Untertasse klebt, ist die Marmelade fertig. Lassen Sie sie ca. zehn Minuten ruhen, bevor Sie sie abfüllen.

5 Sterilisieren Sie die Gläser und Deckel ca. 20 Minuten lang in kochendem Wasser. Lassen Sie sie abtropfen und trocknen Sie sie im Ofen. Füllen Sie die Marmelade ab, solange sie noch heiß ist. Setzen Sie den Deckel auf das Glas, stellen Sie es auf ein Geschirrtuch auf den Kopf, um Vakuum zu bilden, und lassen Sie das Ganze vollständig abkühlen.

TORRONE – NOUGAT

6 Port. | 15 Min. | Mittel

Zutaten

300 g Mandeln
350 g Zucker

Nährwerte p. P.

510 kcal
57 g Kohlenhydrate
25 g Fett
9 g Eiweiß

1 Rösten Sie die Mandeln in einer kleinen Pfanne einige Minuten lang, fügen Sie dann den Zucker hinzu.

2 Rühren Sie mit einem Holzlöffel ohne Unterbrechung, bis der Zucker flüssig und dunkel wird. Schalten Sie den Herd ab und geben Sie die Mischung schnell auf eine zuvor eingeölte Marmorplatte.

3 Drücken Sie den Nougat mit einem nassen Fleischklopfer flach und schneiden Sie diesen mit Hilfe eines Messers in etwa 3 cm breite Streifen. Nach ein paar Sekunden sollte der Nougat trocken und ausgehärtet sein.

Tipp: Es ist ein scheinbar einfaches Rezept. Die Schwierigkeit besteht jedoch darin, den Nougat schnell zu formen, bevor er trocknet. Sie können den Nougat in einem Glasbehälter bis zu einem Monat aufbewahren, eventuell in Quadrate schneiden, damit er leichter serviert werden kann.

SFINCI DI SAN GIUSEPPE – FRITTIERTE KRAPFEN

10 Port. | 50 Min. | Mittel

Zutaten

100 g Mehl, Type 00
125 ml Wasser
30 g Butter
3 Eier
etwas Salz

Für die Creme:
400 g Ricotta
85 g Schokoladenstückchen
85 g Puderzucker

Zum Frittieren:
Sonnenblumenöl

Zur Dekoration:
kandierte Orangen
kandierte Kirschen
Pistazien

Nährwerte p. P.

1095 kcal
111 g Kohlenhydrate
58 g Fett
30 g Eiweiß

1 Geben Sie Wasser, Butter und Salz in einen Topf und lassen Sie das Ganze aufkochen. Sobald das Wasser kocht, geben Sie das Mehl auf einmal dazu, schalten den Herd aus und rühren mit einem Holzlöffel schnell um, damit das Mehl die gesamte Flüssigkeit aufnimmt. Es soll ein glatter, fester Teig entstehen, der sich von den Rändern lösen lässt.

2 Geben Sie den Teig dann in eine Schüssel und lassen ihn abkühlen.

3 Wenn er warm oder kalt genug ist, beginnen Sie mit dem Kneten und fügen die Eier nacheinander hinzu, wobei Sie das Nächste erst hinzufügen, wenn das vorherige Ei vollständig vom Teig aufgenommen wurde.

4 In der Zwischenzeit bereiten Sie die Ricotta-Creme zu: Streichen Sie den Ricotta in einer Schüssel durch ein feinmaschiges Sieb. Fügen Sie den Zucker und die Schokoladenstückchen hinzu und kneten alles gut durch. Stellen Sie die Creme in den Kühlschrank.

5 Erhitzen Sie reichlich Sonnenblumenöl in einer Pfanne mit hohem Rand und bringen Sie es auf eine Temperatur von ca. 160 – 170 °C. Nehmen Sie mit einem Löffel einen Teil des Teigs und lassen Sie ihn mit der Hilfe eines weiteren Löffels in die Pfanne gleiten. Braten Sie nicht mehr als 2 - 3 Sfinci auf einmal, da sich ihr Volumen während des Frittierens verdoppelt. Wenn Sie beim Frittieren feststellen, dass sie zu schnell Farbe annehmen, sollten Sie die Temperatur etwas senken. Wenn die Sfinci aufgeblasen und goldbraun sind, nehmen Sie sie mit einem Schaumlöffel heraus und legen sie auf einen Teller, auf dem Sie etwas Küchenpapier ausgelegt haben, um das überschüssige Öl aufzusaugen.

6 Wenn die Sfinci gar sind, können Sie mit der Füllung fortfahren. Füllen Sie die Creme in einen Spritzbeutel und füllen Sie die Sfinci einzeln, sodass sie außen herausquillt. Garnieren Sie mit kandierten Orangen, Kirschen und gehackten Pistazien.

Tipp: Di Sfinci di San Giuseppe sind eine typisch sizilianische Süßspeise, genauer gesagt aus Palermo, die häufig am Vatertag zubereitet wird. Der Geschmack wird Sie sicherlich etwas an den der typisch sizilianischen Cannoli erinnern.

FRUTTA MARTORANA –
SÜSSWARE AUS MARZIPAN

2 Port. | 5 Std. 20 Min. | Schwer

Zutaten

500 g Mandeln, geschält
500 g Zucker
125 ml Wasser
1 Pk. Vanillin
Lebensmittelfarbe

Nährwerte p. P.

458 kcal
48 g Kohlenhydrate
28 g Fett
9 g Eiweiß

1 Mahlen Sie die geschälten Mandeln, bis sie zerfallen. Lösen Sie dann den Zucker in einem Topf mit kaltem Wasser auf und bringen Sie diesen zum Kochen. Schalten Sie den Herd aus und fügen Sie das Vanillin und das Mandelmehl hinzu. Mischen Sie gut, bis eine glatte, feste und weiche Konsistenz erreicht wird und sich die Masse vom Rand der Form löst.

2 Befeuchten Sie ein Backbrett mit Wasser und geben Sie die Mandelmasse darauf. Wenn der Teig abgekühlt ist, kneten Sie ihn noch etwas, damit er noch glatter und homogener wird.

3 Formen Sie nun das Ganze nach Ihrem Geschmack in Obst- und Gemüseformen und lassen Sie es einige Stunden lang trocknen.

4 Danach färben Sie die Martorana-Früchte mit Lebensmittelfarbe.

ERICINI –
SIZILIANISCHEN KEKSE

10 Port. 50 Min. Leicht

Zutaten

450 g Mandeln, geschält
450 g Zucker
3 Eiweiß
1 EL Honig
1 EL geriebene Zitronenschale
Wasser
10 Mandeln als Dekoration

Nährwerte p. P.

514 kcal
54 g Kohlenhydrate
27 g Fett
10 g Eiweiß

1 Hacken Sie die Mandeln mit dem Zucker sehr fein, geben Sie sie in eine Terrine und fügen Sie das Eiweiß, den Honig und die geriebene Zitronenschale hinzu. Mischen Sie alles gut durch, bis Sie eine weiche und gleichmäßige Masse erhalten.

2 Kneten Sie den Teig auf einer mit Zucker bestreuten Fläche noch eine Weile weiter, bis er einen länglichen Leib von ca. 3 cm bildet

3 Nachdem Sie etwas Teig zum Verzieren der Kekse beiseitegelegt haben, entnehmen Sie aus der restlichen Masse eine Anzahl von 4 cm langen Stücken und formen diese zu abgeflachten Kugeln.

4 Legen Sie die Kekse auf ein Backblech, welches Sie mit Backpapier ausgelegt haben, mit einem Abstand von ca. 2 cm.

5 Stellen Sie aus dem beiseitegestellten Teig nun eine Creme her, indem Sie ihn mit Wasser kneten. Die fertige Creme füllen Sie in einen Spritzbeutel und verzieren Sie jedes Gebäck mit einem Kringel und einer Mandel.

6 Backen Sie die Kekse im vorgeheizten Backofen bei 200 °C (Ober-/Unterhitze), bis sie goldbraun sind.

7 Nehmen Sie das Backblech aus dem Ofen, lassen Sie es auf Zimmertemperatur abkühlen und servieren Sie die Kekse.

SORBETTO AL LIMONE – ZITRONENSORBET

4 – 6 Port. | 4 Std. 40 Min. | Leicht

Zutaten

6 - 7 Bio-Zitronen (280 ml Saft)
180 ml Wasser
150 g Zucker
1 Eiweiß (Zimmertemperatur)
Minze

Nährwerte p. P.

140 kcal
32 g Kohlenhydrate
0 g Fett
1 g Eiweiß

1 Waschen Sie die Zitronen und ziehen Sie die Schale ab, achten Sie dabei darauf, dass der bittere weiße Teil nicht entfernt wird. Halbieren Sie sie und pressen Sie sie aus und fangen Sie den Saft auf. Geben Sie das Wasser in einen Kochtopf und fügen Sie den Zucker hinzu. Legen Sie die Schalen hinein und bringen Sie das Ganze zum Kochen.

2 Rühren Sie einige Minuten lang mit einem Spatel um, bis sich der Zucker vollständig aufgelöst hat und ein glatter Sirup entstanden ist. Schalten Sie die Flamme aus und lassen Sie das Ganze vollständig abkühlen.

3 Seihen Sie den Sirup ab, um die Zitrusschalen zu entfernen, und fügen Sie den Saft hinzu.

4 Schlagen Sie das Eiweiß steif und heben Sie es mit Bewegungen von oben nach unten unter die Flüssigkeit, bis die Masse homogen ist. Füllen Sie die Masse in eine Schale, stellen Sie sie in den Gefrierschrank und lassen Sie sie ca. vier Stunden lang fest werden. Rühren Sie dabei jede halbe Stunde um.

5 Vor dem Servieren nehmen Sie die Schale aus dem Gefrierfach, schlagen das Ganze ein letztes Mal auf und verteilen Sie das Zitronensorbet in Gläser. Garnieren Sie mit ein paar Minzblättern.

BISCOTTI ALLA PASTA DI MANDOLORE – KEKSE AUS MANDELPASTE

20 Stk. | 1 Std. 20 Min. | Leicht

Zutaten

300 g Mandelmehl
200 g Zucker
4 Eiweiß
etwas Mandelaroma
geriebene Schale einer Zitrone
Puderzucker
Mandeln und kandierte Kirschen zum Garnieren

Nährwerte p. P.

318 kcal
34 g Kohlenhydrate
5 g Fett
27 g Eiweiß

1 Mischen Sie das Mandelmehl mit dem Zucker und entfernen Sie eventuelle Klumpen aus dem Mandelmehl.

2 In einer separaten Schüssel trennen Sie das Eiweiß von den Eigelben und schlagen das Eiweiß schaumig. Geben Sie einige Tropfen Mandelaroma in den Eischnee und heben Sie es unter das Mehl. Mischen Sie alles, bis Sie eine einheitliche, weiche und klebrige Masse erhalten.

3 Wenn der Teig nicht weich genug ist, fügen Sie noch etwas Eiweiß hinzu. Wenn er zu weich ist, fügen Sie etwas Mandelmehl hinzu.

4 Fügen Sie die geriebene Schale der Zitrone hinzu.

5 Füllen Sie die Masse in einen Spritzbeutel mit großer Sterntülle.

6 Bereiten Sie ein Backblech vor, beträufeln Sie es mit ein paar Tropfen Wasser und legen Sie es mit Backpapier aus. Das Wasser dient dazu, dass sich das Backpapier nicht bewegt.

7 Die Höhe des Gebäcks ist sehr wichtig, denn wenn es zu niedrig ist, trocknet es beim Backen zu sehr aus. Wenn Sie alle Kekse fertig auf dem Backpapier aus dem Spritzbeutel vorbereitet haben, verzieren Sie sie mit geschälten Mandeln und Kirschen.

8 Das Gebäck müssen Sie nun mindestens eine Stunde lang in den Kühlschrank stellen. Heizen Sie anschließend den Ofen auf 200 °C (Ober-/Unterhitze) vor. Nehmen Sie das Gebäck aus dem Kühlschrank, bestreuen Sie es mit Puderzucker und backen Sie es zehn Minuten lang.

Tipp: Die Kekse dürfen nicht dunkel werden, sondern sie müssen etwas weißlich bleiben. Sie sollten von außen knusprig und innen weich sein.

BIANCOMANGIARE – WEISSES TÖRTCHEN

2 Port. 1 Std. Leicht

Zutaten

500 ml Milch
100 g Zucker
50 g Speisestärke
1 Pck. Vanillin
geriebene Schale einer Zitrone
Zimt

Nährwerte p. P.

93 kcal
15 g Kohlenhydrate
3 g Fett
3 g Eiweiß

1 Gießen Sie fast die gesamte Milch mit der Zitronenschale, dem Zucker und dem Vanillin in einen kleinen Topf und kochen Sie das Ganze bei mittlerer Hitze auf.

2 Während die Milch erwärmt wird, geben Sie die gesiebte Speisestärke in eine Schüssel und lösen Sie mit der restlichen kalten Milch auf.

3 Geben Sie die Stärke in die Milch und rühren Sie mit einem Schneebesen ständig. Wenn die Masse ausreichend eingedickt ist (10 - 20 Minuten), nehmen Sie sie vom Herd und füllen den Pudding unter ständigem Rühren in eine oder mehrere Puddingformen.

4 Lassen Sie diese dann zunächst bei Zimmertemperatur und dann mindestens ein paar Stunden im Kühlschrank abkühlen. Vor dem Servieren bestreuen Sie den Pudding mit etwas Zimtpulver.

Tipp: Der Biancomangiare wird auch mit kandierten Früchten oder mit für Sizilien typischen Trockenfrüchten angereichert, die in der letzten Phase des Backens oder beim Garnieren hinzugefügt werden. Anstelle von oder zusammen mit Zucker können Sie auch Honig verwenden, eine Zutat, die den Pudding noch zarter macht.

BUCELLATI –
KEKSE AUS HÜLSENFRÜCHTEN

30 Stk. | 2,5 Std. | Leicht

Zutaten

Für den Teig:
500 g Mehl, Type 00
150 g Zucker
150 g Butter
2 Eier
5 g Ammoniak für Süßwaren
5 g Backpulver
1 Päckchen Vanillin
etwas Salz
45 ml Milch oder Wasser

Für die Füllung:
500 g getrocknete Feigen
3 EL Sultaninen
50 g bittere Schokolade
4 EL gehackte Nüsse
2 EL Marsala-Likör
3 EL Orangenmarmelade
Kardamom, Muskatnuss, Zimt

Zur Dekoration:
1 Eiweiß
2 Tropfen Zitronensaft
120 g Puderzucker

Nährwerte p. P.

292 kcal
45 g Kohlenhydrate
9 g Fett
4 g Eiweiß

1 Kochen Sie die Feigen zwei Minuten lang, damit sie weich werden. Lassen Sie sie abtropfen und legen Sie sie zum Trocknen auf ein Tuch. Entfernen Sie nach dem Trocknen den Strunk, schneiden Sie sie in kleine Stücke und pürieren Sie sie.

2 Fügen Sie zu den getrockneten Feigen alle anderen Zutaten hinzu: Sultaninen, gestückelte Schokolade, Nüsse, Orangenmarmelade und Marsala. Mischen Sie alles gut miteinander. Der Teig sollte vollmundig, aber weich und nicht trocken sein. Sie können hier entscheiden, ob Sie noch etwas Marmelade oder Marsala hinzufügen möchten.

3 Würzen Sie mit den Gewürzen, ohne zu übertreiben.

4 Die fertige Füllung sollten Sie zudecken und ein paar Stunden ruhen lassen.

5 Für den Teig: Sieben Sie das Mehl und geben Sie ihn in eine Schüssel. Fügen Sie die Butter hinzu und verarbeiten Sie das Ganze, bis die Butter vollständig zerbröckelt ist.

6 Fügen Sie Zucker, Vanillin, Backpulver, Ammoniak und Eier hinzu. Kneten Sie, bis der Teig grobe Krümel bildet. Als Letztes fügen Sie die Milch hinzu, bis die Krümel noch größer werden. Sie müssen einen gleichmäßigen, aber weichen Teig erhalten.

7 Geben Sie den Teig auf das Backbrett und kneten Sie ihn mit den Händen, bis er glatt ist. Wickeln Sie den Teig in Frischhaltefolie und lassen Sie ihn für mindestens 30 Minuten im Kühlschrank ruhen. Nehmen Sie nach dieser Zeit den Teig und rollen Sie ihn mit einem Nudelholz aus. Es muss sehr dünn werden.

8 Schneiden Sie anschließend mit einer Schablone runde Formen aus. Geben Sie einen Löffel der Mischung in die Mitte und verschließen Sie sie. Verschließen Sie die Ränder mit einer Gabel und legen Sie sie auf ein Backblech, welches Sie mit Backpapier ausgelegt haben.

9 Backen Sie sie im vorgeheizten Backofen bei 180 °C (Ober-/Unterhitze) ca. 30 Minuten lang.

10 Für die Dekoration: Geben Sie in eine tiefe Schüssel ein Eiweiß und schlagen sie es mit einer Gabel schaumig. Geben Sie einige Tropfen Zitronensaft hinzu und lassen Sie den Puderzucker einrieseln. Sie sollten einen dicken, weißen Zuckerguss erhalten. Es kann sein, dass Sie etwas mehr Zucker als die angegebene Menge benötigen.

11 Bestreichen Sie die Oberfläche der Gebäcke damit. Legen Sie sie auf das Backblech und stellen Sie sie in den ausgeschalteten, aber noch warmen Ofen, damit die Glasur trocknet.

PAN DÁRANCIO – ORANGENKUCHEN

6 Port. | 1,5 Std. | Leicht

Zutaten

3 Eier
100 ml Öl
250 g Zucker
300 g Mehl, Type 00
100 ml Milch
1 Pck. Hefe
1 Bio-Orange
1 TL Vanillearoma
etwas Butter
etwas Orangenmarmelade bei Bedarf

Nährwerte p. P.

292 kcal
45 g Kohlenhydrate
9 g Fett
4 g Eiweiß

1 Waschen Sie die Orange gründlich und schneiden Sie sie in Stücke, wobei Sie die Schale aufbewahren. Geben Sie die Stückchen in einen Mixer und fügen Sie die Milch hinzu. Mixen Sie das Ganze gut.

2 Sieben Sie in eine Schüssel das Mehl und geben Sie Zucker, Eier, Öl und Vanillearoma hinzu. Vermengen Sie alles mit einem Schneebesen für ein paar Sekunden. Nun geben Sie die gemixte Orange hinzu und mixen nochmals alles mit einem Stabmixer durch.

3 Geben Sie die Hefe hinein und vermischen Sie alles gut.

4 Fetten Sie eine Form (24 cm) mit Butter ein und geben Sie die Masse hinein. Backen Sie den Teig bei 180 °C (Ober-/Unterhitze) 60 Minuten. Wenn der Kuchen fertig und abgekühlt ist, können Sie die Oberfläche mit etwas Orangenmarmelade bestreichen.

GELO DI FRAGOLE CON PANNA – GEFRORENE ERDBEERCREME MIT SAHNE

8 Port. | 50 Min. | Leicht

Zutaten

1 l Erdbeersaft
100 ml Wasser
110 g Zucker
90 g Maisstärke
200 ml Sahne
80 g Puderzucker
etwas Vanilleextrakt

Nährwerte p. P.

292 kcal
45 g Kohlenhydrate
9 g Fett
4 g Eiweiß

1 Mischen Sie in einer Schüssel Zucker und Stärke, damit sich die Stärke besser im Erdbeersaft auflösen kann. Rühren Sie die beiden Zutaten anschließend langsam mit Hilfe eines Schneebesens in den Erdbeersaft ein, bis sich das Ganze vollständig aufgelöst hat.

2 Kochen Sie bei schwacher Hitze und unter ständigem Rühren mit einem Schneebesen den Erdbeerpudding, bis die Flüssigkeit eindickt und sich an der Oberfläche kleine Wellen bilden.

3 Gießen Sie den Erdbeerguss in die Tassen Ihrer Wahl und lassen Sie ihn auf Zimmertemperatur abkühlen. Wenn sie ganz kalt sind, stellen Sie sie am besten über Nacht in den Kühlschrank.

4 Vor dem Servieren schlagen Sie die Sahne mit Puderzucker und eventuell etwas Vanilleextrakt auf und garnieren die Erdbeercreme damit.